高 等 职 业 教 育 公 共 基 础 课 系 列 教 材

大学生职业生涯规划

DAXUESHENG ZHIYE SHENGYA GUIHUA

主　编：贾国江
副主编：汪宝德　李璧强
参　编：李如樟　贾黎鸣　王玲珍　周可馨
张　乐　何利兵　蒲泳辰

北京师范大学出版集团
BEIJING NORMAL UNIVERSITY PUBLISHING GROUP
北京师范大学出版社

图书在版编目(CIP)数据

大学生职业生涯规划 / 贾国江主编. —北京 ：北京师范大学出版社，2019.12(2020.9 重印)
(高等职业教育公共基础课系列教材)
ISBN 978-7-303-25283-1

Ⅰ. ①大… Ⅱ. ①贾… Ⅲ. ①大学生—职业选择—高等职业教育—教材 Ⅳ. ①G647.38

中国版本图书馆 CIP 数据核字(2019)第 254409 号

营销中心电话 010-58802755 58800035
北师大出版社职业教育分社网 http://zjfs.bnup.com
电子信箱 zhijiao@bnupg.com

出版发行：北京师范大学出版社 www.bnup.com
北京市西城区新街口外大街12-3号
邮政编码：100088
印 刷：北京溢漾印刷有限公司
经 销：全国新华书店
开 本：787 mm×1092 mm 1/16
印 张：12.5
字 数：211 千字
版 次：2019 年 12 月第 1 版
印 次：2020 年 9 月第 2 次印刷
定 价：32.80 元

策划编辑：庞海龙 赵 静 责任编辑：庞海龙 赵 静
美术编辑：焦 丽 装帧设计：焦 丽
责任校对：陈 民 责任印制：陈 涛

前　言

大学生是国家宝贵的人才资源。每一个大学毕业生都要充分实现其人生价值和社会价值，不仅要“就业好”，未来还要“发展好”。大学生的成才就业与职业成长不仅关系到大学生自己的职业发展和人生成就，也关系到学校的专业建设和办学声誉，更关系到国家经济发展和社会进步。在校大学生社会阅历和职业体验不足，他们往往自我认识不够全面，职业定位不够准确，职业生涯规划不够完善，经常在就业过程中遇到各种各样的困扰。面对高校毕业生沉重的就业压力、严峻的就业形势，怎样帮助大学毕业生“好就业、就好业”是我们的核心目标。为此，定西师范高等专科学校、陇南师范高等专科学校于 2010 年联合编写了《大学生就业与创业指导》教材，教材在使用过程中得到了广大师生的好评。

在《大学生就业与创业指导》的基础上，结合高职高专在校大学生就业创业教育及职业生涯规划指导工作需要，我们组织编写了《大学生职业生涯规划》和《大学生创新创业教育》两本教材，本教材即是其中之一。本书主要介绍了大学生自我认知、职业探索、生涯抉择、发展规划、职业生涯行动等方面的科学理论与方法，旨在帮助大学生获得认知与评估自身素质、探索职业世界、解决职业生涯困惑、明确职业发展方向、制订科学的职业生涯行动方案的能力，促进在校大学生有目的、有计划地学习各类课程、参加社会实践活动，加速他们成长成才的步伐，为收获理想的职业人生做好准备。本教材可供高校大学生职业生涯规划及就业指导相关课程教学使用，也可作为人力资源培训机构相关培训的参考书。

本教材共分八章，由甘肃中医药大学副校长、定西师范高等专科学校校长贾国江教授制订编写大纲和统稿。其中第一章为职业生涯规划概述，由贾黎鸣编写；第二至第五章为自我认知、职业环境认知、职业发展方向与生涯目标、职业生涯规划方案与实践，分别由李如樟、李璧强、王玲珍、周可馨编写；第六章为职业测评，由张乐编写；第七章和第八章为就业政策与求职策略、简历制作与面试，其中第七章由汪宝德编写，第八章由何利兵、蒲泳辰编写。

本教材编写过程中参阅了大量文献资料，借鉴了许多著作精华，在此向原作者表示衷心感谢。特别感谢北京师范大学出版社编辑老师对该书提出的编写建议，以及在编辑过程中付出的艰辛劳动。由于编者水平限制，书中难免存在错漏不妥之处，敬请同行专家和广大读者批评指正。

编　者

2019 年 5 月

目　录
CONTENTS

目　录
CONTENTS

CHAPTER 1

第一章 职业生涯规划概述

CHAPTER1

学习目标

1. 了解职业生涯规划的目的；
2. 熟悉职业生涯规划的特点；
3. 掌握职业生涯规划的内容；
4. 掌握职业生涯规划的基本理论。

案例

曾有一个女孩子，在18岁之前，是个不知道自己想要什么的人，每天就在艺校里跟着同学唱唱歌，跳跳舞，偶尔有导演来找她拍戏，她就会很兴奋地去拍，无论角色多么小。直到1993年的一天，教她专业课的赵老师突然找她谈话，她问："你能告诉我，你未来的打算吗？"女孩一下子愣住了。她不明白老师怎么突然问她如此严肃的问题，更不知该怎样回答。

老师又接着问她："现在的生活你满意吗？"她摇摇头。老师笑了："不满意的话证明你还有救。你现在想想，十年以后你会怎样？"

老师的话很轻，但是落在她心里却变得很沉重。她脑海里顿时开始风起云涌。沉默许久后她说："我希望十年以后自己能成为最好的女演员，同时可以发行一张属于自己的音乐专辑。”

老师问她：“你确定了吗?”她慢慢咬紧嘴唇：“是。”而且拉了很长的音。“好，既然你确定了，我们就把这个目标倒着算回来。十年以后你28岁，那时你是一个红透半边天的大明星，同时出了一张专辑。”“那么你27岁的时候，除了接拍各种名导演的戏以外，一定还要有一个完整的音乐作品，可以拿给很多很多的唱片公司听，对不对?”“25岁的时候，在演艺事业上你要不断进行学习和思考。另外，你还要有很棒的音乐作品开始录制了。”“23岁你必须接受各种各样的培训和训练，包括音乐上和肢体上的。”“20岁的时候你开始作曲作词，并在演戏方面要接拍大一点的角色……”

老师的话说得很轻松，但是她却感到一种恐惧。这样推下来，她应该马上着手为自己的理想做准备了。可是她现在什么都不会，什么都没想过，仍然为小丫鬟、小舞女之类的角色沾沾自喜。她觉得一种强大的压力忽然向自己袭来。老师平静地说：“要知道，你是一棵好苗子，但是你对人生缺少规划。如果你确定了目标，希望你从现在就开始做。”

想想十年后的自己——当她意识到这是一个非常严肃的问题之后，她发现自己整个人都觉醒了。从那时起，她就始终记得十年后自己要做最成功的明星。她开始对角色进行很认真的筛选。渐渐地，她被大家接受了，她慢慢地尝到了成功的欢乐。

2003年4月，恰好是老师和女孩谈话的十周年，她不知道是偶然还是必然，她居然真的拥有了属于自己的第一张专辑——《夏天》。

这个女孩就是“影视歌”三栖明星周迅。从1991年到2008年年初的17年，周迅已拍摄各类题材的影视剧37部，成为32种知名品牌的形象代言人。她已获得过45个影视歌奖项，百花奖、金紫荆奖、金像奖、金马奖她都先后一一问鼎，她的歌曲也深受广大歌迷的喜爱。①

分析：

毫无疑问，所有这些成就的取得，正是周迅牢记老师的话，孜孜以求、奋争不止的结果。人生能有几个十年？只有及时地拷问自己：“十年后我会怎样?”及早规划、及早行动，并且矢志不移，百折不挠，你才会拥有多彩的人生。是的，时刻想着十年以后的自己，想想十年以后会怎样，你就会离自己的理想和目标越来越近。

---

① 崔鹤同：《想想十年后的自己》，载《涉世之初》，2008(5)，略有改动。

第一节 职业生涯规划的原则与目的

一、 什么是职业生涯规划

职业生涯规划(简称职业规划、生涯规划)，又叫职业生涯设计，是指个人与组织相结合，在对一个人职业生涯的主客观条件进行测定、分析、总结的基础上，对自己的兴趣、爱好、能力、特点进行综合分析与权衡，结合时代特点，根据自己的职业倾向，确定其最佳的职业奋斗目标，并为实现这一目标做出行之有效的安排，按照对自身主观条件和客观环境等各种因素的透彻分析，确立自己的职业生涯发展目标，并选择实现这一目标的职业，制订相应的工作、培训和教育计划，再按照一定的时间安排，采取必要的行动实现职业生涯目标的过程。

每一个人自身条件、成长经历和外部环境都不一样，对未来目标的设定、理想抱负和价值取向也有差别，因此职业生涯规划的内容可能存在诸多差异。但在进行职业生涯规划时，至少应该考虑以下因素。

1. 自我认知方面：性别、年龄、智商、情商、兴趣、爱好、特长、性格、能力、价值观、理想、需求、健康状况、经验、教育水平、创业优势和劣势、经济状况、阻力等。

2. 环境认知方面：社会需求、所在单位的需求、家庭的期望、行业趋势、技术进步、经济景气状况、政策趋势、职业机会等。

二、 确定职业生涯发展目标的原则

确定职业生涯发展目标的原则有以下 10 个。

1. 清晰性原则：考虑目标、措施是否清晰、明确，实现目标的步骤是否直截了当。

2. 挑战性原则：目标或措施是否具有挑战性，还是仅保持其原来状况而已。

3. 变动性原则：目标或措施是否有弹性或缓冲性，是否能依循环境的变化而做调整。

4. 一致性原则：主要目标与分目标是否一致，目标与措施是否一致，个人目标与组织发展目标是否一致。

5. 激励性原则：目标是否符合自己的性格、兴趣和特长，是否能对自己产生内在激励作用。

6. 合作性原则：个人的目标与他人的目标是否具有合作性与协调性。

7. 整体性原则：拟定生涯规划时必须考虑到生涯发展的整个历程，作全程的考虑。

8. 阶段性原则：生涯规划各阶段的路线划分与安排，必须具体可行。

9. 可行性原则：实现生涯目标的途径很多，在作规划时必须要考虑到自己的特质、社会环境、组织环境以及其他相关的因素，选择切实可行的途径。

10. 可评价原则：规划的设计应有明确的时间限制或标准，以便评量、检查，使自己随时掌握执行状况，并为规划的修正提供参考依据。

课堂练习

组织一场关于人生目标的讨论

2人一组，讨论以下3个问题，并做好记录。

(1)如果你心血来潮，买了一张彩票，结果中了500万元，你想完成哪些事情？

(2)假如你很幸运地在路上捡到一本《成功笔记》，上面有各种事情的成功方法，你想完成哪些事情？

(3)假如有一天你到医院体检，医生告诉你一个意外的消息：你得了绝症，只剩下半年的生命，你将如何理解并想完成哪些事情？

三、 职业生涯规划的目的

（一）寻找适合自己的职业

职业生涯规划的首要目的是找到适合自己的职业。找工作最重要的就是要人岗匹配，适合自己。每个工作都有长处和短处，每个人都有优势和劣势。分析、定位是职业生涯规划的首要环节，它决定着个人职业生涯的方向，也决定着职业生涯规划的成败。求职之前先要进行职业生涯规划，进行职业生涯规划之前先要进行准确的自我定位。先要弄清自己想要干什么、能干什么，自己的兴趣、才能、学识适合干什么。可以通过可靠的量表工具的测量，评估职业倾向、能力倾向和职业价值观，这是职业生涯规划的基础。职业生涯规划就是根据测评结果的各项指标，以及自身的学历、经历、能力，了解一个人的内在、外在优势，并且把这些优势整合在一起，作为职场上打拼的核心竞争力。然后，由咨询师根据全国市场和行业的众多职位进行分析，找到这个人岗匹配的匹配点，也叫职位切入点。

（二）通过规划求得职业发展

第二个目的是为了通过规划求得职业发展，制定出今后各个阶段的发展平台，并且拿出攻占各个平台的计划和措施，然后由咨询师对切入点的所在的市场状况、行业前景、职位要求、入行条件、培训考证、工作业务、薪酬提升、语言要求等运作进行详细的指导，如要上哪个平台，需要多长时间，补充哪些知识，增加哪些人脉等，而自己则沿着主干道去充电，几年后成为业内的精英，从而使自己的薪水和职位得到提升。

四、 职业生涯的发展阶段

从职业生涯发展过程来看，职业生涯发展经历了不同时期，一般来说，职业生涯的阶段主要可分为以下 5 个时期。

1. 职业准备期：职业准备期是形成了较为明确的职业意向后，从事职业的心理、知识、技能的准备以及等待就业机会。每个择业者都有选择一份理想职业的愿望与要求，准备充分的人能够很快地找到自己理想的职业，顺利地进入职业角色。

2. 职业选择期：这是实际选择职业的时期，也是由潜在的劳动者变为现实劳动者的关键时期。职业选择不仅仅是个人挑选职业的过程，也是社会挑选劳动者的过程，只有个人与社会成功结合、相互认可，职业选择才会成功。

3. 职业适应期：择业者刚刚踏上工作岗位，存在一个适应过程，要完成从一个择业者到一个职业工作者的角色转换。要尽快适应新的角色、新的工作环境、工作方式、人际关系等。

4. 职业稳定期：这一时期，个人的职业活动能力处于最旺盛时期，是创造业绩、成就事业的黄金时期。当然职业稳定是相对的，在科学技术发展迅速、人才流动加快的今天，就业单位与职业岗位发生变化是很正常的。

5. 职业结束期：由于年龄或身体状况原因，逐渐减弱职业活动能力与职业兴趣，从而结束职业生涯。

大学毕业生职业生涯规划的侧重点在职业准备、职业选择、职业适应三个阶段。

第二节 职业生涯规划的特点与内容

一、职业生涯规划的价值

俗话说："三百六十行，行行出状元。"在校大学生从高校毕业进入社会后，不管是主动的还是被动的，在职场竞争激烈、就业形势严峻的社会背景下，职业生涯规划也越来越重要。职业生涯规划在促进就业，帮助人们发展方面起到了非常重要的作用，拥有明确的职业生涯规划，主要有以下几方面的好处。

（一）缩短求职时间

当我们有明确的求职目标时，我们就会有更多的理由去说服用人单位，告诉他们你就是最合适的人选。对企业来说，每一家企业都希望能在尽可能短的时间内找到最合适的人选，当你有了明确的求职目标并把你最有利于这份工作的优势充分地表现出来的时候，你离应聘成功就已经非常近了。

（二）降低求职成本

因为你有非常明确的职业目标，所以你就可以不用去漫天撒网，在各个你认为可能的工作机会前都投上你的简历，因为那将花费你的时间成本。单凭这一点我们的求职成本就会降低很多，再加上第一条所说的我们的求职速度将大大地提高，所以找工作的时间也将大大地缩短。

（三）增强工作恒心

很多人快速离职在很大程度上是因为对工作本身的不认同。由于这种对工作本身的不认同，当外面稍有诱惑时，人就会更容易选择离职，寻求表面上看起来更好的"发展"。当我们有了明确的职业规划以及明确的职业目标时，就会知道我为什么现在在这里工作：是为了积累经验，还是为了提升技能，还是为了历练些什么。这时哪怕有再多的诱惑、再多的挑战，也会静下心来从事当前的工作，进而形成良好的工作积累、获得可观的工作成就。

（四）提升职业成就感

因为对工作的认同、对所从事职业的认同，人们会更加投入地工作，对工作的主动性也会大大增强，工作满意度自然会更高，职业成就感更强。

（五）提升职业竞争力

当我们明确自己的职业规划、明确自己的选择的时候，就很自然清楚自己的长处和短板，清楚哪些是需要提升的，哪些是需要锻炼的，哪些是自己比较有竞争力的。这样，在工作中自然会取得更好的发展、更高的经济收入，自己的人生价值、社会价值自然也会得到体现。当你在某个领域有足够强的资质时，好工作自然会来找你。

（六）获得更高回报

当我们对工作更加投入的时候，当我们的职业竞争力提升到更高水平的时候，自然会给企业、给社会创造更多的价值、更多的财富，而我们自己也能在精神上、物质上得到满足。

二、 职业生涯规划的特点与原则

（一）职业生涯规划的特点

通俗地理解，职业生涯规划就是个体对自己的职业角色做一个长远的计划。职业生涯规划主要有以下几个特点。

1. 可行性

规划要有事实依据，并非是美好幻想或不着边际的梦想，否则将会延误职业生涯发展机遇。

2. 适时性

规划是预测未来的行动、确定将来的目标，因此各项主要活动何时实施、何时完成，都应有时间和顺序上的详细安排，以作为检查行动的依据。

3. 适应性

规划未来的职业生涯目标，牵涉多种可变因素。因此规划应有弹性，应留有余地，以增加其适应性。

4. 持续性

人生职业发展的每个阶段应能持续连贯衔接。

（二）职业生涯规划的原则

个人职业生涯规划设计应遵循以下原则。

1. 择己所爱

从事一项你所喜欢的工作，工作本身就能给你一种满足感，你的职业生涯也会从此变得妙趣横生。兴趣是最好的老师，是成功之母。调查表明，兴趣与成功概率有着明显的正相关性。在设计自己的职业生涯时，务必考虑自己的职业兴趣、特点，择己所爱，选择自己所喜欢的职业。

2. 择己所长

任何职业都要求从业者掌握一定的技能，具备一定的能力条件。一个人一生中不可能将所有技能全部掌握。所以你必须在进行职业选择时择己所长，这样才利于在工作中发挥自己的优势。运用比较优势原理充分分析别人与自己的优势与不足，尽量选择冲突较少的优势行业。

3. 择世所需

社会的需求不断演化着，旧的需求不断消失，新的需求不断产生，新的职业也不断产生。所以在设计自己的职业生涯规划时，一定要分析社会需求，择世所需。最重要的是，目光要放长远，准确地预测未来行业或者职业发展的方向，再做出选择。

4. 择己所利

职业是个人谋生的手段，其目的在于追求个人幸福。所以你在择业时，首先考虑的是自己的预期收益——个人幸福最大化。明智的选择是在由收入、社会地位、成就感和工作付出等变量组成的函数中找出一个最大值。这就是职业生涯规划中的收益最大化原则。

三、职业生涯规划的内容

职业生涯规划的主要内容包括自我认知、环境认知、职业定位(选择生涯发展路径并确定目标)、实施方案(能力提升计划与实现策略安排)、评估与调整五个部分。

（一）自我认知

自我认知即对自己进行全方位、多角度的分析，目的是认识自己、了解自己。

只有认识了自己，才能对自己的职业作出正确的选择，才能选定适合自己发展的职业生涯路线，才能对自己的职业生涯目标作出最佳抉择。自我认知的内容包括自然条件(性别、年龄、身体条件、健康状况、居住城市等)、性格分析、教育与学习经历、工作与社会阅历、知识、技能与经验、兴趣爱好与特长等内容。

（二）职业环境认知

职业环境认知指评估周边各种环境因素对自己职业生涯发展的影响。每一个人都处在一定的环境之中，职业发展必然要受到所处环境的影响，只有充分了解和把握所处环境的现状、特点、发展变化趋势，才能做到在复杂的环境中避害趋利，使你的职业生涯规划具有实际意义。职业环境认知的内容包括社会环境分析(政治形势、经济形势、就业形势等)、家庭环境分析(婚姻状况、经济状况、家人期望、家族传统等)、组织环境分析(行业现状及发展趋势、职业的工作内容、工作要求、发展前景等)、地域与人际环境分析(工作城市的气候水土、文化特点、发展前景、人脉与人际关系等)。

（三）职业定位

在准确地对自己和环境做出了分析之后，需要确定适合自己专业和有实现可能的职业发展目标。职业定位时要注意职业目标与自己的自身条件、知识背景、技能特长、性格特点、兴趣爱好是否匹配，考虑其与自己所处的环境是否相适应。职业定位决定了职业发展中的行为和结果，是制订职业生涯规划的关键，应力求科学合理，具有可行性。职业定位的内容包括行业领域定位与理由、职业岗位起点定位与理由、职业目标(成果目标、经济目标、能力目标、职务目标等)与可行性分析。

（四）实施方案

在明确了职业定位后，要制订实现职业生涯目标的行动方案——不付诸行动，职业目标只能是一种梦想。实施方案是实现职业目标的保证，要尽量考虑周全，使之具有可操作性。实施方案可以从以下角度考虑。

1. 如何利用现有条件和自身优势以实现职业生涯目标。

2. 如何克服缺点、弥补不足、增长知识、提高能力以实现职业生涯目标。

3. 如何处理人际关系和发展人脉以实现职业生涯目标。

4. 如何处理工作与家庭、生活的关系以实现职业生涯目标。

5. 如何处理释放工作压力、保证身心健康以实现职业生涯目标。

（五）评估与调整

由于影响职业生涯规划的因素很多，且大都处于动态变化之中，因此职业生涯规划应定期评估，并根据影响因素的变化和实施结果的情况及时作出调整，这样才能保证其行之有效。

1. 评估时间

可以选择每月评估一次、半年评估一次、一年评估一次。

2. 评估内容

可以从成果目标、经济目标、能力目标、职务目标等方面总结，确定哪些目标已按预期实现，哪些目标尚未达到。对已实现的成果要总结经验，对未完成的目标要分析原因。

3. 调整原则

应考虑与自身情况的匹配性、与环境的适应性、操作实施的可行性等。

第三节 职业生涯规划的基本理论

职业生涯规划思想起源于 20 世纪初的西方国家，是经济发展、职业分化、技术进步、经济周期波动而产生失业问题并带来一系列社会矛盾后，社会为解决就业问题而做出努力的产物。通过近百年来的大量研究与不断发展，西方国家的职业指导经历了从职业指导到职业辅导，再到生涯辅导的转变，已经形成了许多重要的理论和实践经验。

自 20 世纪 80 年代以来，随着我国经济建设和科学技术的飞速发展，新兴的职业快速更替，劳动力市场的竞争也日趋激烈，大学生的就业压力不断增长。在此背景下，职业辅导和生涯规划的概念逐渐为人们所接受。

一、 霍兰德职业人格类型理论

约翰·霍兰德(John Holland)是约翰·霍普金斯大学的心理学教授，是美国职业指导专家，是职业生涯理论的杰出贡献者。他假设多数人能被分到六种类型中，即实际型、研究型、艺术型、社会型、企业型、常规型。霍兰德将环境也分为同样的六种类型，它认为一个人的行为是由他的人格及所在的环境特性所决定的(详见第二章第二节)。霍兰德认为“合适性”是其类型理论最为重要的一个假设，它是指不同类型的人需要不同的生活或工作环境，人与职业配合得当，其适配性就高。霍兰德认为，兴趣类型是理解个体如何在人格、兴趣和行为上有所不同的理论组织。

职业生涯决策就是通过职业人格分析，找到与之相匹配的环境类型。个人—环境相适合的职业生涯决策观的基本假设是：个人的特点和他所选职业的特点相一致将产生更高水平的主观幸福感，像满意度、稳定性和成就感等。

二、 克朗伯兹的职业生涯决策社会学习理论

美国斯坦福大学心理学教授约翰·克朗伯兹(John Krumboltz)及同事汲取经典决策理论和美国心理学家阿尔伯特·班杜拉(Albert Bandura)的社会学习理论的精华，提出了职业生涯决策的社会学习论。职业生涯决策社会学习理论指出，职业选择过程受到四类因素的影响：遗传天赋和特殊能力(如内在素质、身体障碍、音乐和艺术能力)，环境条件与事件(如劳动法规、技术进步、社会机构变化、家庭资源)，学习的经验(如各种工具性学习、行为和认知反应、观察学习)，任务完成技能(如设定目标、工作习惯、情绪反应方式)。

克朗伯兹和美国心理学家贝克(Baker)于1973年以学习理论对职业生涯决策技巧的作用进行研究，提出了一个帮助他人进行职业生涯决策的八步骤模式。1977年，他们修正了八步骤模式，以便中学生及大学生学习。修正后的模式包括七个步骤。(1)界定问题：描述必须要完成的决策，估计完成所需时间并设定确切的时间表；(2)拟订行动计划：描述决策所需采取的行动，并估计所需时间及完成的期限；(3)澄清价值：描述个人将采取哪些标准，以作为评价各种可能选择的依据；(4)描述可能做出的选择，确认选择方案；(5)依据所定的选择标准、评分标准，逐一评价各种可能选择，找出可能的结果；(6)比较各种可能选择符合价值标准的情况，从中选取最能符合决策者理想的选择；(7)描述将如何采取何种行动以达成选定的目标。

三、 施恩的“职业锚”理论

职业锚是指一个人不得不做出选择时，无论如何都不会放弃的职业中的那种至

关重要的东西或价值观。职业锚的概念是由美国著名职业指导专家埃德加·施恩(Edgar H. Schein)教授提出的。施恩认为，职业生涯发展实际上是一个持续不断的探索过程，“设计这个概念是为了解释，当我们在更多的生活经验的基础上发展了更深入的自我洞察时，我们的生命中成长的更加稳定的部分”。正如“职业锚”这一名词中“锚”的含义一样，职业锚实际上就是人们选择和发展自己的职业时所围绕的中心。

施恩在研究职业锚时将职业锚划分为五种类型：技术(或功能)型职业锚、管理型职业锚、创造型职业锚、自由(或独立)型职业锚、安全型职业锚。

1. 技术型：这类人往往出于自身个性与爱好考虑，并不愿意从事管理工作，而是愿意在自己所处的专业技术领域发展。在我国过去不培养专业经理的时候，经常将技术拔尖的科技人员提拔到领导岗位，但他们本人往往并不喜欢这个工作，更希望能继续研究自己的专业。

2. 管理型：这类人有强烈的愿望去做管理人员，同时实践也告诉他们自己有能力达到高层领导职位，因此，他们将职业目标定为有相当大职责的管理岗位。

成为高层管理人员需要的能力包括三方面。(1)分析能力：在信息不充分或情况不确定时，判断、分析、解决问题的能力；(2)人际能力：影响、监督、领导、应对与控制各级人员的能力；(3)情绪控制力：有能力在面对危急事件时，不沮丧、不气馁，并且有能力承担重大的责任，而不被其压垮。

3. 创造型：这类人需要建立完全属于自己的东西，或是以自己名字命名的产品或工艺，或是自己的公司，或是能反映个人成就的私人财产。他们认为只有这些实实在在的事物才能体现自己的才干。

4. 自由型：有些人更喜欢独来独往，不愿意在大公司里那样彼此依赖，很多有这种职业定位的人同时也有相当高的技术型职业定位。但是他们不同于那些简单技术型定位的人，他们并不愿意在组织群体中发展，而是宁愿做一名咨询人员，或是自主创业，或是与他人合伙创业。其他自由独立型的人往往会成为自由撰稿人。

5. 安全型：有些人最关心的是职业的长期稳定性与安全性，他们为了安定的工作、可观的收入、优越的福利与养老制度等付出努力。目前，我国绝大多数的人都选择这种职业定位，很多情况下，这是由社会发展水平决定的，而并不完全是本人的意愿。相信随着社会的进步，人们将不再被迫选择这种类型。

四、 职业生涯决定观点

（一）以泰特曼为代表的描述性生涯决定观点

美国心理学家泰特曼(Tiedeman)根据美国心理学家埃里克森(Erikson)划分的心理发展八个阶段理论，认为职业发展与人的心理发展是同时进行的，并特别强调自我同一性发展与职业生涯决策发展的一致性，提出了一个以分化与整合贯穿职业生涯决策过程的模式。泰特曼认为，职业生涯决策过程所处理的是一个逐渐形成选择并实施选择的过程，整个职业生涯决策过程可分为两个时期、七个阶段。

1. 第一个时期：预期

预期可分为四个基本的发展阶段。(1)试探：考虑不同选择方向及可能的目标；(2)晶体化：想法和感觉开始变得更加有序，对选择的认识更加清晰；(3)选择：选定一个能解除目前困扰的目标；(4)明确化：个体做出决策以后，接下来将实施决策。

2. 第二个时期：执行与适应

执行与适应由三个阶段构成。(1)入门：开始执行自己的选择，也是新经验的开始，在新的环境中，争取他人的接纳；(2)转换：调整步伐与心态，专心致志，肯定在新环境中的角色，全力以赴；(3)一体化：最初的新鲜感消失，个体和群体彼此已经接纳。

该理论注重描述职业生涯决策过程，并特别强调个人的独特性和主动性。泰特曼认为只有通过系统的问题解决，以个体的整体认知能力为基础，把个体的独特性与职业世界的独特性结合在一起，才能做出合理的职业生涯决策。

（二）以彼德森为代表的规范性生涯决定观点

将信息加工理论应用到职业领域时，美国佛罗里达州立大学的盖瑞·彼德森(Gary Peterson)及其同事提出了四种假设：(1)情感和认知加工都是职业生涯决策的重要成分。焦虑、迷惑、抑郁和其他的期许对许多个体来说可能是决策过程的一部分。他们不但不否定职业生涯决策中情绪的重要性，而且考察人类的情绪与信息加工如何交互作用。(2)为做出充分的职业生涯决策，个体不仅必须了解自己和工作世界，还要有关于思维和思维如何影响决策的信息。职业生涯决策知识帮助个体辨认、发现和分析职业信息以及关于自己的信息，然后允许个体形成和评估职业选择的可能性。(3)关于自我和工作世界的信息是不断改变的。(4)通过改善信息加工能力，个体能改善自己的职业问题解决能力。如果个体能形成特定的决策技巧和更高水平的执行控制加工，他的职业生涯决策能力将得到改善。

规范性职业生涯决策理论模型承认选择是系统化、分析化决策过程的结果。不同的是，规范性职业生涯决策理论模型的基础是人类的“有限理性”，而非“绝对理性”。规范性职业生涯决策理论过于关注认知信息加工过程，而忽视了情绪、情感在职业生涯决策中的作用。尽管彼德森等人在其理论假设中承认焦虑、迷惑、抑郁和其他的期许对许多个体来说可能是决策过程的一部分，但它们只考察了某种具体情绪与决策困难的关系，在其整个职业生涯决策模型中并没有说明情绪成分的作用。

五、 舒伯的生涯发展理论

美国著名心理学家舒伯(D. E. Super)在美国著名职业指导专家金斯伯格(Eli Ginzberg)等人的理论基础上，提出生涯发展的“成长—探索—建立—维持—衰退”循环式发展任务，认为每个人都有可能在人生的不同时间点上再次经历这些阶段或者部分阶段，一旦一个人进入了新的发展阶段，需要重新经历这五个历程。后来，他在该理论中加入了角色理论，并发展出了“生涯彩虹图”(见图 1.1)。它是用自然界中

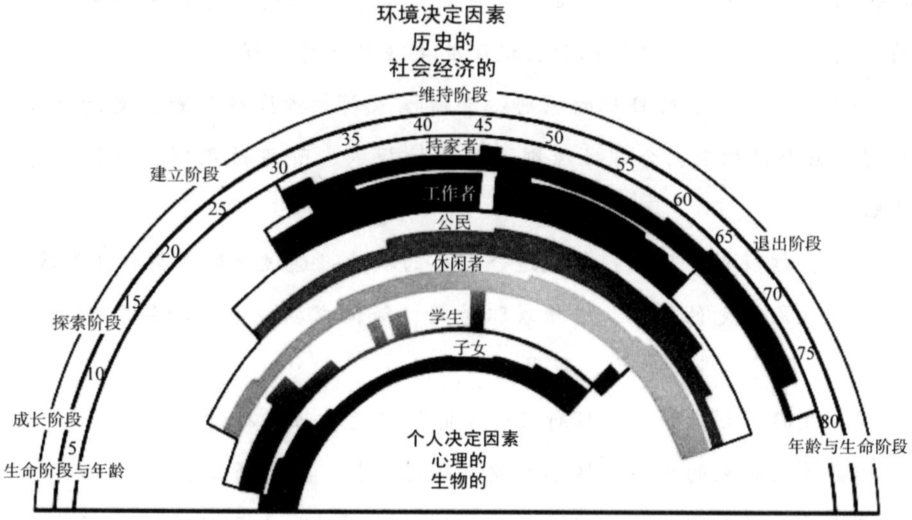

图 1.1　舒伯的生涯彩虹图

的彩虹的轮廓形象地反映了人一生的角色在时间上的透视，角色之间的关系及其演变过程可以从生涯彩虹图中反映出来，个人在各类工作或生活角色间的选择，影响其一生的发展。每个人一旦踏出校门之后，就不可避免地在同一阶段不同的舞台上扮演不同的角色。由于彩虹图描述的是生活空间和生活广度，所以更适合运用于已经进入社会的人进行自我分析和生涯探索。

舒伯的生涯发展理论有很多优点。他的生涯发展理论综合了差异心理学、发展心理学、自我心理学和有关职业行为发展方向的长期研究成果，建构了一套完整的生涯发展理论，得到各国学者的普遍支持，是最具整合色彩的生涯辅导理论。舒伯的生涯发展理论在职业辅导理论史上是一个分水岭，该理论的提出标志着生涯辅导正式代替了职业辅导。

本章知识摘要

1. 职业生涯规划：简称职业规划、生涯规划，又叫职业生涯设计，是指个人与组织相结合，在对一个人职业生涯的主客观条件进行测定、分析、总结的基础上，对自己的兴趣、爱好、能力、特点进行综合分析与权衡，结合时代特点，根据自己的职业倾向，确定其最佳的职业奋斗目标，并为实现这一目标做出行之有效的安排，按照对自身主观条件和客观环境等各种因素的透彻分析，确立自己的职业生涯发展目标，并选择实现这一目标的职业，以及制订相应的工作、培训和教育计划，按照一定的时间安排，采取必要的行动实现职业生涯目标的过程。

2. 确定职业生涯发展目标的原则：清晰性原则、挑战性原则、变动性原则、一致性原则、激励性原则、合作性原则、整体性原则、阶段性原则、可行性原则、可评价原则。

3. 职业生涯规划的目的：寻找适合自己的职业，通过规划求得职业发展。

4. 职业生涯规划的价值：缩短求职时间、降低求职成本、增强工作恒心、提升职业成就感、提升职业竞争力、获得更高回报。

5. 职业生涯规划的特点：可行性、适时性、适应性、持续性。

6. 职业生涯规划的原则：择己所爱、择己所长、择世所需、择己所利。

7. 职业生涯规划的内容：自我认知、职业环境认知、职业定位、实施方案、评估与调整五部分。

8. 霍兰德职业人格类型：实际型、研究型、艺术型、社会型、企业型、常规型。

9. 克朗伯兹职业生涯决策步骤模式：界定问题、拟订行动计划、澄清价值、描述可能做出的选择并选择方案、找出可能的结果、选取最能符合决策者理想的选择、描述将如何采取何种行动以达成选定的目标。

10. 施恩的“职业锚”类型：技术(或功能)型职业锚、管理型职业锚、创造型职业锚、自由(或独立)型职业锚、安全型职业锚。

11. 舒伯的生涯发展的“成长—探索—建立—维持—衰退”循环式发展任务：舒伯认为每个人都有可能在人生的不同时间点上再次经历这些阶段或者部分阶段，一旦一个人进入了新的发展阶段，需要重新经历这五个历程。

课后活动

我扮演的社会角色

活动目的：结合舒伯的生涯彩虹图理论，描述我扮演的社会角色，理解各种社会角色的承担和扮演是人生所不可避免的。

活动流程：

1. 以3～5人组成一个小组，访谈师姐师兄，了解他们眼中大学生应扮演的各种社会角色。

2. 通过头脑风暴法探讨大学生扮演的各种社会角色的主要特点。

4. 思考：如何扮演好各种社会角色？如何有意义地度过大学生活？

拓展阅读

两兄弟爬楼梯的故事及人生哲学启示

从前有两兄弟，他们酷爱旅游。一次他们旅游回来恰好大厦停电，可是他们住在八十楼啊，无奈之下两人决定爬楼。开始的时候两人兴高采烈，走到二十层的时候二人感觉有点累，于是他们决定把沉重的包袱先放在二十楼，等来电了再坐电梯来取；于是两人又继续走，当走到四十楼的时候，两人累得不想走了，于是开始相互抱怨，但不得已他们又开始前行了；走到六十楼的时候，他们已经没有力气再抱怨，低着头继续走；终于到达八十楼自己家门前的时候，才发现钥匙被他们放在了二十楼的包袱里。

这就好比人的一生，二十岁之前时，意气风发地面对人生；当他们面对学习的压力和家人们的期望时，却选择把这份沉重的包袱留在了二十岁；转眼间，到了不惑之年，没有成功的事业，开始抱怨，但有什么用呢？无奈之下，只好继续后续人生。岁月不饶人，年近花甲，无心再去抱怨什么；当他们生命走向尽头时，才发现原来自己的一生碌碌无为，年轻时的梦想早就被自己所遗忘，遗憾终生。

CHAPTER 2

第二章
自我认知

CHAPTER 2

学习目标

1. 了解自我认知的主要内容；
2. 掌握自我认知的常用方法；
3. 了解气质、性格、能力、兴趣、价值观的基本概念及其与职业之间的关系。

案例

著名的英国诗人约翰·济慈出生于18世纪末年的伦敦，他的诗被认为完美体现了西方浪漫主义诗歌特色，济慈被人们推崇为欧洲浪漫主义运动的杰出代表，与雪莱、拜伦齐名。济慈自幼就很喜爱文学，但由于家境窘困，不满16岁就离校学医。五年后济慈考入伦敦的一所医学院，但他发现自己对医学没有任何兴趣，不足一年，济慈便放弃了从医的志愿，而专心于写作诗歌。济慈写出了大量的优秀作品，其中包括《圣艾格尼丝之夜》《秋颂》《夜莺颂》《拉弥亚》和《致秋天》等名作，表现出诗人对大自然的强烈感受和热爱，赢得了巨大声誉。济慈对自己职业的选择和取舍，是建立在对自己兴趣和特长的充分认识基础之上的。同样，马克思在年轻时曾想做一名诗人，但他很快发现自己的长处其实不在那里，便毅然决然地放弃了做诗人的打算，转为研究社会科学。试想，如果他们都不了解自己的话，那么，英国或许只是多了一位普通的医生济慈，德国或许只是多了一位普通的诗人马克思，而在英国文学史和国际共产主义运动史上则失去了两颗最耀眼的明星。

分析：

其实再普通的人，只要有自我认知，对自己有洞见，知道自己擅长做什么并坚持去做，就一定能在某个领域"出彩"。如果一个人不能正确地认识自我，看不到自我的优点，觉得处处不如别人，就会产生自卑、丧失信心、做事畏缩不前等表现；相反，如果一个人过高地估计自己，也会骄傲自大、盲目乐观，导致工作的失误。因此，只有恰当地认知自己，才能够克服这些不切实际的想法，在生活中寻找到适合自己的职业。

作为一个人，如果连自己都不了解的话，又何谈获得事业的成功、家庭的幸福呢！具体地说，如果不了解自己，你的人生定位就难免失之偏颇，你的事业之舟也会找不到指引方向的灯塔，你的人际关系也就缺乏了稳定的根基。一个人只有了解自己，才能认识到自己的优势与劣势，找准人生定位；只有了解自己，才会知道自己适合什么样的职业，从而获得事业的成功；只有了解自己，才能轻松编织人脉之网，使自己在人际交往中游刃有余。总的来说，只有了解自己，你才能为自己的人生制订一个切合实际、具体可行的目标或计划，然后，循着这个目标或计划，步入自己理想的人生轨迹。

第一节　自我认知的内容与方法

一、 自我认知的内容

（一）自我与自我认知

1. 自我

自我是个体对自己存在状态的认知，主要包括五个层面。

生理我，是其他自我的载体，是一个人对自己身体层面的认识和看法，包括自己的体貌特征、生理状态等。

心理我，是一个人的态度、信念、价值观及人格特征的总和，如我们常说的气质、性格、兴趣、能力等。

社会我，是个人扮演的社会角色，包括个人在社会中的权利、义务等。

家庭我，是个人对家庭的重任。每个学生要学会感恩、热爱家庭，不要忘记家庭对自己的期望和自己在家庭中承担的责任。

优势我，是个人对自我的优势的认知。每个人都各有所长、各有所短，重点是如何突出长处、弥补短板。

2. 自我认知

自我认知指的是对自己的洞察和理解，包括自我观察和自我评价。自我观察，是指对自己的感知、思维和意向等方面的觉察；自我评价，是指对自己的想法、期望、行为及人格特征的判断与评估，这是自我调节的重要条件。

（二）职业自我和人格

职业自我，是指自我概念在职业选择与发展中的反映，是对涉及与自身职业选择与职业发展有关因素的认识，比如自身因素、所处职业环境、自己所拥有的社会资源等。人格，是个体在行为上的内部倾向，是能力、兴趣、态度、气质和思维、情感在内的各方面的整合，表现为个体品质、特性和行为等个别差异的总和。

二、 自我认知的原理

认识自我，即实事求是地评价自己，是自我调节和人格完善的重要前提。

个体对自我的觉察，或者说意识的形成，是来源于个体对外界环境刺激后，经由记忆和思想产生的反应。因此，在形成记忆之前，个体是不会有自我意识的。如果说记忆是一切思想的基础，那自我认知就是个人基于思想之上的对于环境的反应。当一个人的记忆和思想达到一定程度后，比如出现了完全来自大脑的思维和想象力，个体的自我意识会更加强烈。我存在、我占有、我需要、我想要的观念，不断地通过思维和想象力，加强个体对自我的认知，直到个体有机生命体的结束。故自我认知从大脑的记忆力开始起，直到记忆力的消失，都是一个不断发展的过程。

个体对于自我的存在、行为和心理的认知会有一个发展过程。刚开始这种认知是比较模糊的，所以小孩子会经常出于好奇心而做一些危险的行为和事情。这个时候他们的自我意识是比较朦胧的，只有在经过不断试错和加深记忆以及思考学习后，对于自我肌体的存在感才会渐渐成熟。随后才会对自己的行为有意识地区分：哪些行为是危险的，哪些行为是安全的，决定是否要做。最后才是对于自我心理的认知。一般来说，这需要一个人的思维和想象力达到一定程度后才会具备这种察觉自我心理变化的能力。个体开始区分个人肌体行为和心理行为的差异是自我心理认知的开始。

三、 自我认知的方法

许多哲学家都忠告我们：要了解你自己。然而，在实际生活中，这并非一件容易的事情。正如做任何事情都要讲究策略和方法，了解自己也不例外，只有掌握了科学的方法，才能准确且全面地了解自己。常见的自我认知方法有以下几种。

（一）比较法

俗话说，有比较才有鉴别。比较法就是从自己与他人及自己的比较中来了解自己的能力、水平、在团体中的相对位置以及自己的发展变化的一种方法。与比自己优秀的人比，就会觉得人外有人，天外有天，从而找到差距，激发自己的动力；而与不如自己的人比，就会看到自己的长处，增强自信心。古人云：“以铜为镜，可以正衣冠；以史为镜，可以知兴衰；以人为镜，可以知得失。”通过比较，你可以发现自己的长处和不足，扬长补短。

当然，自己与他人比较时，切忌单向比较，既要和比自己强的人比，也要和比自己差的人比，这样才能保持心理平衡。我们在和他人比较时，也要和自己对比，即“和自己赛跑”，把自己的现在和过去比，把自己的目标和现实状况比，这样才可以不断看到自己的进步和进一步努力的方向。

（二）他人评价法

他人评价法即是通过别人的评价反映来认识、了解自己的方法。自己做某件事，若总得到别人的肯定，那么自己在这方面就是比较优秀的。相反，就是比较差的。当然，对他人的评价，我们也不能全盘接受或全盘否定，但要注意：首先，要特别重视与自己关系密切的人对自己的评价，因为他们对我们比较了解，评价也会较为全面、客观；其次，在大多数情况下要重视人数众多、异口同声的评价。有时，别人的意见我们的确难以接受，但“良药苦口，忠言逆耳”“当局者迷，旁观者清”，所以，许多时候，人们还是要多听听别人对自己的评价。对别人的评价要客观分析、虚心接受。

（三）内省法

内省法即是通过反省自己、分析自己来了解自己的方法。古人云：“吾日三省吾身。”可见，反省自己对认识、把握自己是很有好处的。我们可以通过回答“我是谁”来反省、分析，并进而认识、了解自己，即将“我是……”补充成一句完整的话，并尽可能多地写，写得句子越多越好。原则上说，如果写出的句子少于 7 句，则认为是过于压抑自己，自己未能对自己有较为全面的认识。

（四）橱窗分析法

橱窗分析法是自我剖析的重要方法之一。心理学家把对自我的了解比喻成一个橱窗。为了便于理解，可以把橱窗放在一个直角坐标中加以分析(见图 2.1)。坐标的横轴正向表示别人知道，负向表示别人不知道；纵轴正向表示自己知道，负向表示自己不知道。

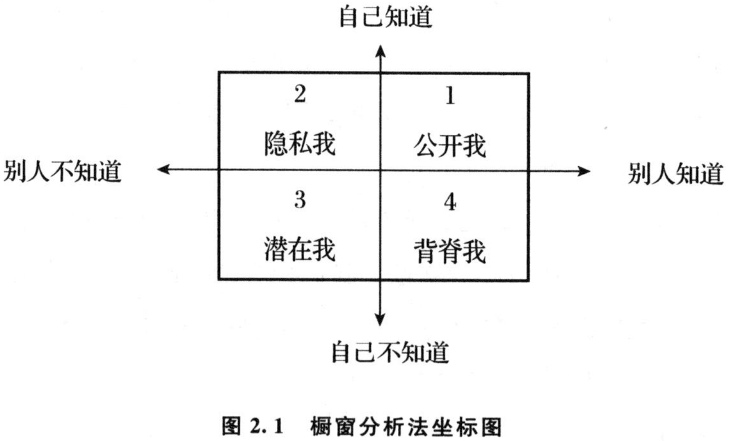

图 2.1　橱窗分析法坐标图

坐标橱窗图明显地把自我分成了四部分，即四个橱窗。

橱窗 1 为“公开我”，这是自己知道、别人也知道，属于个人展现在外、无所隐藏的部分。橱窗 2 为“隐私我”，这是自己知道、别人不知道，属于个人内在的隐私和秘密的部分。橱窗 3 为“潜在我”，这是自己不知道、别人也不清楚的部分，是有

待进一步开发的部分。橱窗 4 为“背脊我”，这是自己不知道、别人知道的部分，就像自己的背部一样，自己看不到，别人却看得很清楚。

在进行自我剖析时，重点是了解橱窗 3“潜在我”和橱窗 4“背脊我”两部分。

“潜在我”是影响一个人未来发展的重要因素，因为每个人都有很大的潜能。许多研究都表明，人类平常只发挥了极小部分的大脑功能，如果一个人能够发挥一半的大脑功能，将轻易地学会 40 种语言，背诵整套百科全书。著名心理学家奥托·兰克(Otto Rank)指出，一个人所发挥出来的能力，只占他全部能力的 4%。控制论的奠基人诺伯特·维纳(Norbert Wiener)指出：可以有把握地说，每个人即使他是做出了辉煌成就的人，在他的一生中利用他自己的大脑潜能还不到百亿分之一。由此可见，认识与了解潜在的我，是自我剖析的重要内容之一。

“背脊我”是准确对自己进行评价的重要方面。如果你诚恳地、真心实意地对待他人的意见和看法，就不难了解“背脊我”。当然，这需要开阔的胸怀、正确的态度和有则改之、无则加勉的精神，否则就很难听到别人的真实评价。

（五）实践成果法

实践成果法是通过活动的效果来了解自己的一种方法。例如，参加歌手大赛得了一等奖，则说明自己在这个方面的确有一定的能力或特长。但假如说，自己在某项活动上屡遭失败，但也不能轻易否定自己在这个方面的能力。心理学上“自我意象”的研究表明，自己在某个方面没有取得良好的成绩，不是你没有这方面的能力，而是你认为自己在这方面的能力是欠缺的。

（六）测量法

测量法可以分为生理测量和心理测量。通过生理的测量或检查，我们可以了解自己的生理状况。而通过心理的测量(大多是心理测验的测试)可以了解自己各方面的心理特征，包括智力水平、人格特征、心理健康水平等。通过一些较为成熟的、信效度较高的测验来了解自己的心理状况是一种比较科学、准确的方法。选用心理测验时必须在专业人员的指导下测验并解释结果，不要随意使用心理测验。

当然，我们在认识自我、了解自我的时候，不要仅仅采用一种方法，我们应该采用多种方法多角度、全面地来了解自己。只要能够合理、综合地利用这些方法，相信我们会对自己有一个全面、正确的认识，也会在此基础上有一个更好的发展。

知识链接

“我是谁?”苏格拉底说认识自己是世界上最难的事！乔哈里视窗(见图2.2)是一种关于沟通的技巧和理论，也被称为“自我意识的发现—反馈模型”。这个理论最初由美国心理学家乔瑟夫(Joseph)和哈里(Harry)提出的。该理论将人际沟通的信息划分为4个区域：公开区、隐蔽区、盲点区、未知区，人的有效沟通就是这四个区域的有机融合。

图2.2　乔哈里视窗

第二节　职业人格

一、职业人格

(一)职业人格的界定

职业人格是指人作为职业的权利和义务的主体所应具备的基本人品和心理面貌。它是一定社会的政治制度、物质经济关系、道德文化、价值取向、精神素养、理想情操、行为方式的综合体。它既是人的基本素质之一，又是人的职业素质的核心部分。

职业人格是一个人为适应社会职业所需要的稳定的态度，以及与之相适应的行为方式的独特结合。职业人格由个人的生活环境、所受的教育以及所从事的实践活动的性质所决定的。良好的职业人格一经形成，往往能使职业观成为一种自觉的行为表现，反映在行动上表现出有自制力、创造力、坚定、果断、自信、守信等优良品质。健全的职业人格是人们在求职和就业后顺利完成工作任务、适应工作环境的重要心理基础。

职业人格的培养是一个人的综合素质与外界社会环境对人们职业规范要求的有机统一过程，是一个复杂的系统工作，需要全社会的共同努力。

（二）健康的职业人格

1. 正确的职业观

职业是由特定的社会分工而形成的具有专门业务和特定职责的社会活动。所谓职业观，就是人们对这一特定社会活动的认识、态度、看法和观点，是一个人的世界观、人生观及价值观在职业生活中的反映。

2. 良好的职业性格

性格是指人对客观现实的态度以及与之相适应的行为方式方面比较稳定的个性心理特征。职业性格是一定的职业对从业者在性格上的要求。

高度的责任心、团结协作、勇于创新、认真细致、勤奋好学、坚毅自信、严于律己等特点，是商品经济社会要求每一个从业人员必须具备的基本性格特征。而每一种特定的职业又要求从业者具有适应职业特点的职业性格，如服务行业要求从业者具有耐心、礼貌、热情大方等性格特征。良好的职业性格对从业者综合职业能力的形成与提高有着极大的推动作用。

3. 积极的创新意识

创新原本是人的基本特征，人类就是在不断地“创造前所未有”的过程中前进的。

创新强调的是个性的发展，从某种程度上说，没有个性就没有创新、没有特色，因此，积极主动的创新意识、创新精神和创新能力是健康职业人格不可缺少的一部分。

4. 较强的实践能力

实践能力可以分为职业能力和社会能力。职业能力指本行业必备的专业技能，是上岗后能胜任工作的保证。社会能力指从事职业活动所需要的社会行为能力，如环境适应能力、人际交往能力、团结协作能力等，是一个人生存与发展的必备条件。

二、 人格类型理论

（一）霍兰德职业兴趣理论

霍兰德于1959年提出了具有广泛社会影响的职业兴趣理论。霍兰德认为人们的人格类型、兴趣与职业密切相关，兴趣是人们活动的巨大动力，当一个人从事与自己职业兴趣类型相关联的职业时，可以有效提高工作或学习的积极性，促使人们积极地、愉快地从事该职业。霍兰德的研究揭示，人格特质可以按照职业兴趣分为现实型、研究型、艺术型、社会型、企业型和常规型六种类型。

霍兰德划分的六种人格性向和职业类型的具体内容如下(见图2.3)。

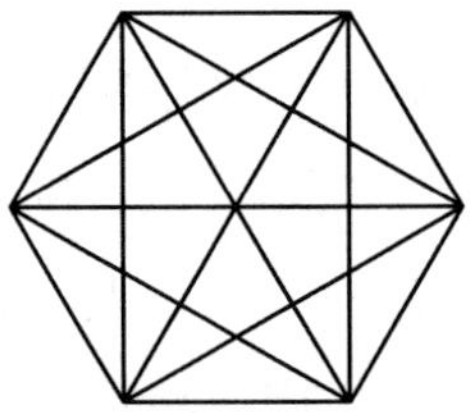

图2.3　霍兰德职业兴趣类型

1. 现实型

基本特点：身体协调能力好，动手操作能力强；喜欢使用工具从事操作性强的工作；不善言辞，不善交际。

人格倾向：喜欢有规则的具体劳动和需要动手操作的技能性工作，但往往缺乏社交能力，不适应社会性质的职业。

匹配职业：具有这种职业兴趣类型的人擅长技能性或技术性职业。如工程师、技术员；机械操作、维修安装工人、木工、电工、鞋匠；司机；测绘员、描图员；农民、牧民、渔民等。

2. 研究型

基本特点：逻辑推理能力、抽象分析能力强；求知欲强，善于思考；喜欢独立和富有创造性的工作；知识渊博，有学识才能；动作技能较弱，不善于领导他人。

人格倾向：具有聪明、理性、好奇、精确、批评等人格特征，喜欢智力的、抽象的、分析的、独立的定向任务。

匹配职业：擅长科学研究、实验等工作。如自然科学和社会科学方面的研究人员、专家；化学、冶金、电子、无线电、电视、飞机等方面的工程师、技术人员；计算机程序人员等。

3. 艺术型

基本特点：直觉敏锐，自由联想能力强，具有特殊艺术才能和个性；乐于创造新颖的、与众不同的艺术成果，渴望表现自己的个性；喜欢以各种艺术创作来展现自己的才华，实现自身价值；无拘无束。

人格倾向：具有想象、冲动、直觉、无秩序、情绪化、理想化、有创意、不重实际等人格特征。喜欢艺术、文学等创造性的职业，不善于事务性工作。

匹配职业：擅长文学、艺术等方面的工作。如音乐、舞蹈、戏剧等方面的演员、艺术编导；文学、艺术方面的评论员；广播节目的主持人、编辑、作者；绘图、书法、摄影家；艺术、家具、珠宝、房屋装饰行业的设计师等。

4. 社会型

基本特点：喜欢从事为他人服务和教育他人的工作；喜欢参与解决人们共同关心的社会问题，助人为乐；比较看重社会义务和社会道德。

人格倾向：具有合作、友善、助人、负责、圆滑、善社交、善言谈、洞察力强等人格特征。喜欢社会交往、关心社会问题、有教导别人的期望。

匹配职业：擅长从事教育、慈善、医疗等社会工作。如教师、保育员、行政人员；医护人员；衣食住行服务行业的经理、管理人员和服务人员；社会福利人员等。

5. 企业型

基本特点：精力充沛、自信、善交际，说服能力强，具有领导才能；喜欢竞争，敢冒风险；喜欢权力、地位，追逐社会影响力。

人格倾向：具有冒险、独断、自信、精力充沛、善社交等人格特征。喜欢从事领导及企业管理性质的职业。

匹配职业：擅长组织与协同他人共同完成战略目标的工作。如企业家、政府官员、创业者、行政部门和单位的领导者、管理者等。

6. 常规型

基本特点：工作踏实、忠诚可靠，遵守纪律；习惯接受他人的指挥和领导，喜欢有章可循的事务性工作；自己不谋求领导职位，不喜欢冒险和竞争。

人格倾向：具有顺从、谨慎、保守、实际、稳重、有效率等人格特征。喜欢条理化的任务型工作。

匹配职业：擅长处理各类事务性工作。如秘书、办公室文员、计事员、会计、行政助理、图书馆员、出纳员、打字员、税务员、统计员、交通管理员等。

（二）奥尔波特的人格特质理论

美国心理学家高尔顿·威拉德·奥尔波特(Gordon Willard Allport)首次提出了人格特质理论，他认为特质是人格的基础，人格特质是每个人以其生理为基础的一些持久不变的性格特征。

奥尔波特把特质分成共同特质和个人特质。共同特质是在某一社会文化形态下，大多数人或一个群体所共有的相同的特质。在研究人格的文化差异时，可以比较不同文化中的共同特质。个人特质指的是个体身上所独具的特质。个人特质又分为首要特质、中心特质、次要特质。首要特质是一个人最典型、最有概括性的特质；中心特质是构成个体独特性的几个重要的特质，每个人身上有 5～10 个中心特质；次要特质是个体的一些不太重要的特质，在一般情况下并不表现出来，往往只在特殊的情况下才表现出来。

三、 兴趣与职业

兴趣是一种无形的动力，每个人都会对他感兴趣的事物给予优先注意和进行积极地探索，并表现出心驰神往。职业兴趣是兴趣在职业方面的表现，是指人们对某种职业活动所具有的比较稳定而持久的心理倾向，使人对某种职业给予优先注意，并向往之。职业兴趣是一个人对待工作的态度，是对工作的适应能力，表现为有从事相关工作的愿望和兴趣，拥有职业兴趣将增加个人的工作满意度、职业稳定性和职业成就感。

（一）职业兴趣的影响因素

职业兴趣是以一定的素质为前提，在生涯实践过程中逐渐发生和发展起来的。它的形成与个人的个性、自身能力、实践活动、客观环境和所处的历史条件有着密切的关系，因此，职业规划对兴趣的探讨不能孤立进行，应当结合个人的、家庭的、社会的因素来考虑。了解这些因素，有利于深入认识自己，进行职业规划。

1. 个体需要

不管人的兴趣是什么，都是以需要为前提和基础的，人们需要什么也就会对什么产生兴趣。由于人们的需要包括生理需要和社会需要或物质需要和精神需要，因此人的兴趣也同样表现在这两个方面。人的生理需要或物质需要一般来说是暂时的，容易满足，例如，人对某一种食物、衣服感兴趣，吃饱了、穿上了也就满足了；而人的社会需要或精神需要却是持久的、稳定的、不断增长的，例如，人际交往、对文学和艺术的兴趣、对社会生活的参与则是长期的、终生的，并且不断追求的。兴趣是在需要的基础上产生的，也是在需要的基础上发展的。

2. 个人情感

兴趣是和个人的认识和情感密切联系着的。如果一个人对某项事物没有认识，也就不会产生情感，因而也就不会对它发生兴趣。同样，如果一个人缺乏某种职业知识，或者根本不了解这种职业，那么他就不可能对这种职业感兴趣，在职业规划时就不会想到。相反，认识越深刻，情感越丰富，兴趣也就越深厚。

3. 家庭环境

家庭作为最基本的社会单元，对每个人的心理发展都产生重要的影响，因此个人职业心理发展具有很强的社会化特征，家庭环境的熏陶对其职业兴趣的形成具有十分明显的导向作用。大多数人从幼年起就在家庭的环境中感受其父母的职业活动，随着年龄的增长，逐步形成自己对职业价值的认识，使得人在选择职业时，不可避免地带有家庭教育的印记。家庭因素对职业取向的影响，主要体现在择业趋同性与协商性等方面。

4. 受教育程度

个人自身受教育的程度是影响其职业兴趣的重要因素。任何一种社会职业从客观上对从业人员都有知识与技能等方面的要求，而个人的知识与技能水平的高低在很大程度上取决于其受教育的程度。一般来说，个人学历层次越高，接受职业培训范围越广，其职业取向领域就越宽。

5. 社会因素

一方面，社会舆论对个人职业兴趣的影响主要体现在政府政策导向、传统文化、社会热门职业等方面。政府就业政策的宣传是主导的影响因素，传统的就业观念和就业模式也往往制约个人的职业选择，而当时社会的热门职业也影响着个人的职业兴趣。另一方面，兴趣和爱好是受社会性制约的，不同的环境、不同的职业、不同的文化层次的人兴趣和爱好都不一样。

6. 职业需求

职业需求是一定时期内用人单位可提供的不同职业岗位对从业人员的总需求量，它是影响个人职业兴趣的客观因素。职业需求越多、类别越广，个人选择职业的余地就越大。职业需求对个人的职业兴趣具有一定的导向性，在一定条件下，它可强化个人的职业选择，或抑制个人不切实际的职业取向，也可引导个人产生新的职业取向。

最后，年龄的变化和时代的变化也会对人的兴趣产生直接影响。就年龄方面来说，少儿时期往往对图画、歌舞感兴趣，青年时期对文学、艺术感兴趣，成年时期往往对某种职业、某种工作感兴趣。这说明一个人兴趣的中心随着年龄的增长、知识的积累在转移。就时代方面来讲，不同的时代、不同的物质和文化条件，也会对个人兴趣的变化产生很大的影响。

以上因素对每个人的影响都不同，需要在职业规划中予以考虑。

（二）职业兴趣与职业生活的关系

良好而稳定的兴趣使人从事各种实践活动时，具有高度的自觉性和积极性。个人根据稳定的兴趣选择某种职业，兴趣就会变成巨大的个人积极性，促使一个人在职业生活中做出成就。反之，如果你对所从事的职业不感兴趣，就会影响你积极性的发挥，难以从职业生活中得到心理上的满足，不利专业成长。

值得一提的是，需要是影响职业选择的重要的且不易觉察的内在因素，动机是在需要支配下受到外在刺激影响而形成的综合性动力因素从而影响职业选择。兴趣是在需要基础上受到动机的影响，而对职业选择产生一定影响的、变化的、较为外在的因素。

当然，其中也会有相对持久性的兴趣同时作为外延因素对动机的变化发展产生一定作用。比如，一个人缺乏物质生活保障，便会有生理、安全需要，从而产生去工作、劳动，获取报酬，换取物质条件，满足自己需要的动机，因而会对所有能挣钱“糊口”、维持生存的工作感兴趣。当一个人认为某项工作能挣大钱、报酬高时，会强化自己克服种种困难从事该项工作的动机。但若觉察或发现该项工作有生命危险时，便会减低或放弃这种兴趣，减弱想从事该项工作的动机。

四、 性格与职业

性格是一个人对现实的稳定的态度，以及与这种态度相应的、习惯化了的行为方式中表现出来的人格特征。性格一经形成便比较稳定，但是并非一成不变，而是可塑的。性格不同于气质，更多体现了人格的社会属性，个体之间的人格差异的核心是性格的差异。

（一）性格类型

性格类型是在一类人身上所共有的性格特征的独特结合。许多心理学家试图对性格进行类型分类，形成了各种各样的性格类型学说或性格类型论。

我们在此重点介绍一种 20 世纪 80 年代末兴起的“大五人格理论”。所谓“大五”，是指人的个性可从五大维度进行评估：外向性、宜人性、谨慎性、开放性、神经质。这样的划分具有普遍意义，即使在截然不同的语言体系，诸如汉语和德语中，测评的结果也都能适用。

1. 外向性

外向性的显著标志是个体对外部世界的积极投入。外向者乐于和人相处，充满活力，常常怀有积极的情绪体验。内向者往往安静，抑制，谨慎，对外部世界不太感兴趣。内向者喜欢独处，内向者的独立和谨慎有时会被错认为不友好或傲慢。

2. 宜人性

宜人性反映了个体在合作与社会和谐性方面的差异。宜人的个体重视和他人的和谐相处，因此他们体贴友好、乐于助人、谦虚乐群。不宜人的个体更加关注自己的利益，他们一般不关心他人，有时候怀疑他人的动机。不宜人的个体非常理性，很适合科学、工程、军事等要求客观决策的情境。

3. 谨慎性

谨慎性指我们控制、管理和调节自身冲动的方式。冲动并不一定就是坏事，有时候环境要求我们能够快速决策。冲动的个体常被认为是快乐的、有趣的、很好的玩伴。虽然冲动的行为会给个体带来暂时的满足，但却常常会给自己带来麻烦，容易产生长期的不良后果，如攻击他人、吸食毒品等。冲动的个体一般不会获得很大的成就，谨慎的人容易避免麻烦，能够获得更大的成功。人们一般认为谨慎的人更加聪明和可靠，但是谨慎的人可能是一个完美主义者或者是一个工作狂。极端谨慎的个体让人觉得单调、乏味、缺少生气。

4. 开放性

开放性描述一个人的认知风格。开放性得分高的人富有想象力和创造力，好奇，欣赏艺术，对美的事物比较敏感。开放性的人偏爱抽象思维，兴趣广泛。封闭性的人讲求实际，偏爱常规，比较传统和保守。开放性的人适合教授等职业，封闭性的人适合警察、销售、服务性职业等。

5. 神经质

神经质指个体体验消极情绪的倾向。神经质维度得分高的人更容易体验到诸如愤怒、焦虑、抑郁等消极的情绪，他们对外界刺激的反应比一般人强烈，对情绪的调节能力比较差，经常处于一种不良的情绪状态下。并且这些人思维、决策，以及有效应对外部压力的能力比较差。相反，神经质维度得分低的人较少烦恼，较少情绪化，比较平静，但这并不表明他们经常会有积极的情绪体验。积极情绪体验的频繁程度是外向性的主要内容。

（二）职业性格

职业性格，是指人们在长期特定的职业生活中所形成的与职业相联系的、稳定的心理特征。例如，有的人对待工作总是一丝不苟，踏实认真；在待人处事中总是表现出高度的原则性、果断、活泼、负责；在对待自己的态度上总是表现为谦虚、自信，严于律己等，所有这些特征的总和就是他的职业性格。

人的性格千差万别，或热情外向、或羞怯内向、或沉着冷静、或火爆急躁。职业心理学的研究表明，不同的职业有不同的性格要求。虽然每个人的性格都不能百分之百地适合某项职业，但却可以根据自己的职业倾向来培养、发展相应的职业性格。不同性格特征的人员，对企业而言，决定了每个员工的工作岗位和工作业绩；对个人而言，决定着自己的事业能否成功。

MBTI(Myers-Briggs type indicator)理论来源于瑞典心理学家荣格(Carl Gustav

Jung)有关知觉、判断和人格态度的观点，由美国心理学家布莱格斯(Katharine Cook Briggs)和他女儿迈尔斯(Isabel Briggs-Myers)研究发展成心理评测工具。MBTI从能量获得的途径、信息收集的方式、决策判断的方式，以及采取行动的方式四个维度对人格进行考量，其中每个维度都有两个倾向，分别是：

能量获得途径：外倾(E)　Extroversion ←→ 内倾(I)　Introversion

信息收集方式：感觉(S)　Sensing ←→ 直觉(N)　Intuition

决策判断方式：思考(T)　Thinking ←→ 情感(F)　Feeling

采取行动方式：判断(J)　Judging ←→ 知觉(P)　Perceiving

在以上四个维度上，每个人都会有自己天生就具有的倾向性，也就是说，处在两个方向分界点的这边或那边，我们称之为"偏好"。将人们在四个维度上的偏好加以组合，一共可以组成16种人格类型。每一种类型表现出独特的行为与互动风格。因此在与人交往交流中、工作选择中、生活平衡方面，你都可以通过了解自己“内在”的特征，以明确可能的最佳做事方法与职业选择。

SJ型：忠诚的监护人

具有SJ偏爱的人的共性是有很强的责任心与事业心，他们忠诚、按时完成任务，推崇安全、礼仪、规则和服从，他们被一种服务于社会需要的强烈动机所驱使。他们坚定、尊重权威、等级制度，持保守的价值观。他们充当着保护者、管理员、稳压器、监护人的角色。大约有50%SJ偏爱的人为政府部门及军事部门的职务所吸引，并且显现出卓越成就。其中在美国执政过的41位总统中有20位是SJ偏爱的人。

SP型：天才的艺术家

有SP偏好的人有冒险精神，反应灵敏，在任何要求技巧性强的领域中游刃有余，他们常常被认为是喜欢活在危险边缘寻找刺激的人。

他们为行动、冲动和享受现在而活着：约有60% SP偏好的人喜欢艺术、娱乐、体育和文学，他们被称赞为天才的艺术家。

我们熟悉的歌星麦当娜、篮球魔术师约翰逊、音乐大师莫扎特等都是具有SP性格特点的例子。

NT型：科学家、思想家的摇篮

有NT偏爱的人天生有着好奇心，喜欢梦想，有独创性、创造力、洞察力、有兴趣获得新知识，有极强的分析问题、解决问题的能力。他们是独立的、理性的、有能力的人。

人们称 NT 是思想家、科学家的摇篮，大多数 NT 类型的人喜欢物理、研究、管理、电脑、法律、金融、工程等理论性和技术性强的工作。达尔文 、牛顿、爱迪生、瓦特这些发明家、科学家都属于这一类型。

NF 型：理想主义者、精神领袖

有 NF 偏爱的人在精神上有极强的哲理性，他们善于言辩、充满活力、有感染力、能影响他人的价值观并鼓舞其激情。他们帮助别人成长和进步，具有煽动性，被称为传播者和催化剂。他们之中约有一半的人在教育界、文学界、宗教界、咨询界以及心理学、文学、美术和音乐等行业显示出他们的非凡成就。

大部分人在 20 岁以后会形成稳定的 MBTI 人格，从此便很难变化。MBTI 人格会随着年龄的增加、经验的丰富逐步发展完善。根据 MBTI 理论，对于 MBTI 中任何类型的人而言，均有相应的优点和缺点，适合自己的工作环境，适合自己的岗位特质，为职业生涯决策提供帮助。

五、 气质与职业

气质是表现在心理活动的强度、速度、灵活性与指向性等方面的一种稳定的心理特征。人的气质差异是先天形成的，受神经系统活动过程的特性所制约。孩子刚一出生时，最先表现出来的差异就是气质差异，有的孩子爱哭好动，有的孩子平稳安静。

（一）气质的体液学说

古希腊医生希波克拉底(约前 460—前 377)很早就观察到人有不同的气质，他认为人体内有四种体液：血液、黏液、黄胆汁和黑胆汁。希波克拉底根据人体内的这四种体液的不同配合比例，将人的气质划分为四种不同类型。

1. 多血质

体液中血液占优势。特点：灵活性高，易于适应环境变化，善于交际，在工作、学习中精力充沛且效率高；对什么都感兴趣，但情感兴趣易于变化；有些投机取巧，易骄傲，受不了一成不变的生活。代表人物：韦小宝、孙悟空、王熙凤。

2. 黏液质

体液中黏液占优势。特点：反应比较缓慢，坚持而稳健地辛勤工作；动作缓慢而沉着，能克制冲动，严格恪守既定的工作制度和生活秩序；情绪不易激动，也不易流露感情；自制力强，不爱显露自己的才能；固定性有余而灵活性不足。代表人物：鲁迅、薛宝钗。

3. 胆汁质

体液中黄胆汁占优势。特点：情绪易激动，反应迅速，行动敏捷，暴躁而有力；性急，有一种强烈而迅速燃烧的热情，不能自制；在克服困难上有坚忍不拔的劲头，但不善于考虑能否做到，工作有明显的周期性，能以极大的热情投身于事业，也准备克服且正在克服通向目标的重重困难和障碍，但当精力消耗殆尽时，便失去信心，情绪顿时转为沮丧而一事无成。代表人物：张飞、李逵、晴雯。

4. 抑郁质

体液中黑胆汁占优势。特点：高度的情绪易感性，主观上把很弱的刺激当作强作用来感受，常为微不足道的原因而动感情，且有力持久；行动表现上迟缓，有些孤僻；遇到困难时优柔寡断，面临危险时极度恐惧。代表人物：林黛玉。

（二）气质与职业的匹配

由于不同气质类型的人对同一事情的反应和处置不同，因而对其从事的工作性质和效率会产生一定的影响，进而产生不同的结果。气质会影响人活动的特点、方式和效率。一定的职业活动的顺利进行，要求从事者必须具有某些气质特征，发挥其优点，避免其缺点。因此，气质和职业之间存在着一定的匹配关系，各种气质类型有其较为适应的职业范围。

多血质的人，比较适合做社交性、文艺性、多样化、要求反应敏捷且均衡的职业，而不太适应做需要细心钻研的职业。他们可以成为出色的外交人员、管理人员、驾驶员、医务人员、律师、运动员、公关营销人员、新闻记者、教师、冒险家、服务员、侦察员、干警、演员等，不太适合从事流水线工作、出版业和报业的编辑校对、IT 制造业工程师、电子维护及软件工程师等职业。

胆汁质的人，较适合做反应迅速、动作有力、应急性强、危险性较大、难度较高而费力的职业。他们可以成为出色的导游员、公务员、勘探工作者、推销员、节目主持人、演讲者、外事接待人员等，不太适合从事稳重、细致的职业，如外科医生、财务会计员、计算机程序员、出版和媒体采编人员等。

黏液质的人，较适合从事有条不紊、刻板平静、耐受性较高的职业，而不太适宜从事激烈多变的职业。可从事的职业有外科医生、法官、IT 产业人员、编辑、行政人员、出纳员、播音员、会计、调解员、咨询员等，不太适合从事外事人员、公关人员、营销员、媒体策划者等职业。

抑郁质的人，能够兢兢业业地工作，适合从事持久细致的职业，如技术人员、打字、排版员、检录师、化验员、研究员、艺术工作者、护士、心理咨询员、幼儿教师、软件开发人员、机要秘书、保管员等。他们不适合从事要求反应灵敏、处理果断的职业，如演讲主持、推销员、运动员、军事指挥员、探险者等职业。

六、 能力与职业

能力是完成一项目标或者任务所体现出来的综合素质。人们在完成任务中表现出来的能力有所不同。能力是直接影响活动效率，并使活动顺利完成的个性心理特征。能力总是和人完成一定的实践相联系在一起的，离开了具体实践既不能表现人的能力，也不能发展人的能力。

（一）职业能力

职业能力是人们从事其职业的多种能力的综合。职业能力可以定义为个体将所学的知识、技能和态度在特定的职业活动或情境中进行类化迁移与整合所形成的能完成一定职业任务的能力。

职业能力主要包含三方面基本要素：一是为了胜任一种具体职业而必须要具备的能力，表现为任职资格；二是指在步入职场之后表现出的职业素质；三是开始职业生涯之后具备的职业生涯管理能力。

如果说职业兴趣或许能决定一个人的择业方向，以及在该方面所乐于付出努力的程度，那么职业能力则能说明一个人在既定的职业方面是否能够胜任，也能说明一个人在该职业中取得成功的可能性。

（二）职业能力的类型

我们可以把职业能力分为一般职业能力、专业能力和综合能力。

1. 一般职业能力

一般职业能力主要是指一般的学习能力、文字和语言运用能力、数学运用能力、空间判断能力、形体知觉能力、颜色分辨能力、手的灵巧度、手眼协调能力等。此外，任何职业岗位的工作都需要与人打交道，因此，人际交往能力、团队协作能力、对环境的适应能力，以及遇到挫折时良好的心理承受能力都是我们在职业活动中不可缺少的能力。

2. 专业能力

专业能力主要是指从事某一职业的专业能力。在求职过程中，招聘方最关注的就是求职者是否具备胜任工作岗位的专业能力。

3. 综合能力

这里主要介绍国际上普遍注重培养的“关键能力”，主要包括四个方面。

(1)跨职业的专业能力。从以下三方面可以体现出一个人跨职业的专业能力：一是运用数学和测量方法的能力；二是计算机应用能力；三是运用外语解决技术问题和进行交流的能力。

(2)方法能力。一是信息收集和筛选能力；二是掌握制订工作计划、独立决策和实施的能力；三是具备准确的自我评价能力和接受他人评价的承受力，并能够从成败经历中有效地吸取经验教训。

(3)社会能力。社会能力主要是指一个人的团队协作能力、人际交往和善于沟通的能力。在工作中能够协同他人共同完成工作，对他人公正宽容，具有准确裁定事物的判断力和自律能力等，这是岗位胜任和在工作中开拓进取的重要条件。

(4)个人能力。随着中国经济体制改革的深入、法制的不断健全完善，人的社会责任心和诚信将越来越被重视，投机、钻营、伪劣等行为将越来越无藏身之地，一个人的职业道德会越来越受到全社会的尊重和赞赏，爱岗敬业、工作负责、注重细节的职业人格会得到全社会的肯定和推崇。

第三节　职业价值观

价值观是基于人的一定的思维感官之上而作出的认知、理解、判断或抉择，也就是人认定事物、辨别是非的一种思维或取向，从而体现出人、事、物一定的价值或作用；在阶级社会中，不同阶级有不同的价值观念。

一、 价值观的特点

1. 稳定性和持久性

价值观具有相对的稳定性和持久性。在特定的时间、地点、条件下，人们的价值观总是相对稳定和持久的。比如，人们对某种人或事物的好坏总有一个看法和评价，在条件不变的情况下这种看法不会改变。

2. 历史性与选择性

在不同时代、不同社会生活环境中形成的价值观是不同的。一个人的价值观是从出生开始，在家庭和社会的影响下，逐步形成的。一个人所处的社会生产方式及其所处的经济地位，对其价值观的形成有决定性的影响。当然，报刊、电视和广播等宣传的观点以及父母、老师、朋友和公众名人的观点与行为，对一个人的价值观也有不可忽视的影响。

3. 主观性

指用以区分好与坏的标准，是根据个人内心的尺度进行衡量和评价的，这些标准都可以称为价值观。

二、 职业价值观

职业价值观是指人生目标和人生态度在职业选择方面的具体表现，也就是一个人对职业的认识和态度以及他对职业目标的追求和向往。理想、信念、世界观对于职业的影响，集中体现在职业价值观上。

每种职业都有各自的特性，不同的人对职业意义的认识，对职业好坏有不同的评价和取向，这就是职业价值观。职业价值观决定了人们的职业期望，影响着人们对职业方向和职业目标的选择，决定着人们就业后的工作态度和劳动绩效水平，从而决定了人们的职业发展情况。哪个职业好？哪个岗位适合自己？从事某一项具体工作的目的是什么？这些问题都是职业价值观的具体表现。

（一）职业价值观的类型

美国心理学家米尔顿·罗克奇(Milton Rokeach)在其所著的《人类价值观的本质》(*The Nature of Human Values*)一书中，提出 13 种价值观：成就感、审美追求、挑战、健康、收入与财富、独立性、爱、家庭与人际关系、道德感、欢乐、权利、安全感、自我成长和社会交往。

我国学者阚雅玲将职业价值观分为如下 12 类。

1. 收入与财富

工作能够明显有效地改变自己的财务状况，将薪酬作为选择工作的重要依据。工作的目的或动力主要来源于对收入和财富的追求，并以此改善生活质量，显示自己的身份和地位。

2. 兴趣特长

以自己的兴趣和特长作为选择职业最重要的因素，能够扬长避短、趋利避害、择我所爱、爱我所选，可以从工作中得到乐趣、得到成就感。在很多时候，会拒绝做自己不喜欢、不擅长的工作。

3. 权力地位

有较高的权力欲望，希望能够影响或控制他人，使他人照着自己的意思去行动；认为有较高的权力地位会受到他人尊重，从中可以得到较强的成就感和满足感。

4. 自由独立

在工作中能有弹性，不想受太多的约束，可以充分掌握自己的时间和行动，自由度高，不想与太多人发生工作关系，既不想“治人”也不想“治于人”。

5. 自我成长

工作能够给予受培训和锻炼的机会，使自己的经验与阅历能够在一定的时间内得以丰富和提高。

6. 自我实现

工作能够提供平台和机会，使自己的专业和能力得以全面运用和施展，实现自身价值。

7. 人际关系

将工作单位的人际关系看得非常重要，渴望能够在一个和谐、友好甚至被关爱的环境工作。

8. 身心健康

工作能够免于危险、过度劳累，免于焦虑、紧张和恐惧，使自己的身心健康不受影响。

9. 环境舒适

工作环境舒适宜人。

10. 工作稳定

工作相对稳定，不必担心经常出现裁员和辞退现象，免于经常奔波找工作。

11. 社会需要

能够根据组织和社会的需要响应某一号召，为集体和社会做出贡献。

12. 追求新意

希望工作的内容经常变换，使工作和生活显得丰富多彩，不单调枯燥。

知识链接

正确面对职业价值观

1. 处理好职业价值观与金钱的关系

金钱是一种成就的报酬，它是在确定职业价值观时首先要面对的问题。有些经济条件不太好的大学毕业生在求职时，将收入作为首选价值观，从根本上讲这并没有错。但是对于一些人来说，拥有的知识、能力、经验和阅历还不足以使其一走上社会就获得大量经济回报。怀有一夜暴富的心理是不正常的，更是危险的，容易被社会上的不法分子利用，甚至误入歧途。特别是面对严峻的就业形势，更应理性地降低对金钱的期望值，把眼光放远一些，应尽可能地将自我成长和自我实现作为在毕业求职时的首选价值观。

2. 处理好职业价值观与个人兴趣和特长的关系

职业价值观、个人兴趣和特长是人们在择业时需要考虑的最重要的三个因素。在确定价值观时，一定要考虑它是否与自己的兴趣和特长相适应。据调查，如果一个人从事自己不喜欢的工作，有80%的人难以在他选择的职业上成功；而如果选择了自己喜欢的工作则可以充分调动人的潜能，获得职业发展的原动力。此外，选择一项自己擅长的工作，也会事半功倍。

3. 处理好职业价值观的排序与取舍的问题

职业价值观的特性决定人们不会只有唯一的职业价值观，人性的本能也会驱使人们希望什么都能得到，但在现实生活中“鱼和熊掌是不可兼得的”。然而在职业选择中，人们却不能理性对待。既然是选择，就要付出代价，只有舍，才能得。所以，要对自己的职业价值观进行排序，找出你认为最重要、次重要的方面，并提醒自己不可能什么都得到。否则就会患得患失，终其一生也不清楚自己到底想要什么，更谈不上职业生涯的成功和对社会的贡献了。

4. 处理好职业价值观中个人与社会的关系

人不能离开社会而独立存在，个人只有在工作中为社会做贡献才能实现自己的职业价值。因此，我们反对只为个人考虑、毫不考虑国家和社会需要的职业价值观。当然我们并不是说要忽略择业中的个人因素，只去尽社会责任，这样不但不利于个人，也是社会的损失。例如，让一个富于科学创造力、不善言辞的学者去从事普通的教师工作，可能使国家损失一项重大的发明，而社会不过多了一个也许并不出色的老师。

5. 处理好淡泊名利与追逐名利的关系

当一个人有了名利才有资格去谈淡泊，没有名利说淡泊那叫“吃不到葡萄说葡萄酸”。名利是人的欲望使然，欲望可以使人成就大的事业，也可使人自我毁灭。以合理、合法、公正、公平的方式追名逐利在一定程度上对个人、对社会都会有益，但它需要一定的度，该知足时则知足，该进取时则进取。

（二）职业价值观与职业类型的匹配

职业专家通过大量的调查，从人们的理想、信念和世界观角度把职业分为九大类。

1. 自由型(非工资工作者型)

特点：不受别人指使，凭自己的能力拥有自己的小“城堡”，不愿受人干涉，想充分施展本领。

相应职业类型：室内装饰专家、图书管理专家、摄影师、音乐教师、作家、演员、记者、诗人、作曲家、编剧、雕刻家、漫画家等。

2. 经济型(经理型)

特点：他们认为世界上的各种关系都建立在金钱的基础上，包括人与人之间的关系，甚至父母与子女之间的爱也带有金钱的烙印。这种类型的人确信，金钱可以买到世界上所有的幸福。

相应职业类型：各种职业中都有这种类型的人，商人为甚。

3. 支配型(独断专行型)

特点：飞扬跋扈、为所欲为、无视他人的想法，且视此为无比快乐。

相应职业类型：进货员、商品批发员、旅馆经理、饭店经理、广告宣传员、调度员、律师、政治家、零售商等。

4. 小康型

特点：追求虚荣，优越感也很强。很渴望能有社会地位和名誉，希望常常受到众人尊敬。欲望得不到满足时，由于过于强烈的自我意识，有时反而很自卑。

相应职业类型：记账员、会计、银行出纳、法庭速记员、成本估算员、税务员、核算员、打字员、办公室职员、统计员、计算机操作员等。

5. 自我实现型

特点：不关心平常的幸福，一心一意想发挥个性，追求真理。不考虑收入、地位及他人对自己的看法，尽力挖掘自己的潜力，施展自己的本领，并视此为有意义的生活。

相应职业类型：气象学者、生物学者、天文学家、药剂师、动物学者、化学家、科学报刊编辑、地质学家、植物学者、物理学者、数学家、实验员、科研人员等。

6. 志愿型

特点：富于同情心，把他人的痛苦视为自己的痛苦，不愿干表面上哗众取宠的事，把默默地帮助不幸的人视为无比快乐。

相应职业类型：社会学者、导游、福利机构工作者、咨询人员、社会工作者、社会科学教师、护士等。

7. 技术型

特点：性格沉稳，做事组织严密，井井有条，并且对未来充满平常心。

相应职业类型：木匠、农民、工程师、飞机机械师、野生动物专家、自动化技师、机械工、电工、火车司机、公共汽车司机、机械制图员等。

8. 合作型

特点：人际关系较好，认为朋友是最大的财富。

相应职业类型：公关人员、推销人员、秘书等。

9. 享受型

特点：喜欢安逸的生活，不愿从事任何挑战性的工作。

相应职业类型：无固定职业类型。

本章知识摘要

1. 自我认知：指人们对自己的洞察和理解，包括自我观察和自我评价。

2. 自我认知方法：比较法、他人评价法、内省法、橱窗分析法、实践成果法、测量法。

3. 职业人格：指人作为职业的权利和义务的主体所应具备的基本人品和心理面貌。

4. 霍兰德职业人格分类：实用型、研究型、艺术型、社会型、事业型、常规型。

5. 职业性格：指人们在长期特定的职业生活中所形成的与职业相联系的、稳定的心理特征。

6. 职业能力：指个体将所学的知识、技能和态度在特定的职业活动或情境中进行类化迁移与整合所形成的能完成一定职业任务的能力。

7. 职业价值观：指人生目标和人生态度在职业选择方面的具体表现，即一个人对职业的认识和态度以及他对职业目标的追求和向往。

8. 职业价值观分类：自由型、经济型、支配型、小康型、自我实现型、志愿型、技术型、合作型、享受型。

课后活动

运用自我认知理论完成一份自我认识报告

要求：从兴趣、性格、能力、价值观、自身优劣及对未来职业的预判等几方面刻画一个真实的自我。

拓展阅读

兴趣是否决定职业①

一、案例

小陈，男，35岁，大专学历，动漫设计专业毕业，之前从事过出租车驾驶员、油品调度工作，但时间都不长。后出于对游戏设计的兴趣，参加了相关的学习和培训：在某大学三维游戏影视动画研修班专业学习一年，在某教育机构3D美工专业学习一年，培训过网页设计制作员中级、游戏美术设计师高级并获得相应职业资格证书。由于对游戏设计方面非常感兴趣，小陈找了份与游戏设计有关的工作，在某科技工程有限公司从事3D场景设计师一职，主要负责制作简单模型动画。但是，随着工作任务的缩减，公司将游戏设计这项业务改成平面设计。对于新的业务小陈从来没有接触过，也没有这方面的技能，由于不能胜任新的工作，小陈只好离职。当重新踏入社会求职时，小陈发现游戏设计这块领域发展速度相当快，企业基本都是招聘30岁以下的青年。但小陈对游戏设计情有独钟，他“执著”地应聘游戏设计一类的岗位。由于年龄偏大、技能不强，小陈应聘都没有成功，再加上没有其他技能，他失业了近两年的时间。小陈爸爸非常着急。

二、诊断分析

在这个案例中，小陈遇到的就业问题主要出现在以下两个方面。

1. 将兴趣作为择业的唯一考虑因素

在这个案例中，小陈似乎是抱着非游戏设计岗位不做的态度进行求职。这不禁让人思考，兴趣是否是择业的唯一选择？在职业规划中，兴趣是职业选择的因素之一，但并不是唯一的条件，而案例中的小陈对游戏设计非常感兴趣，甚至到了痴迷的程度，非游戏设计岗位不做。虽然遭受了一次次求职挫折，小陈对自己的兴趣仍旧“锲而不舍”，一定要将它作为自己的职业。

2. 没有区分兴趣和兴趣职业

兴趣是人认识某种事物或从事某种活动的心理倾向，这种心理倾向是和一定的情感联系着的。职业兴趣是把个人兴趣与职业结合，在职业方面表现出比较稳定而

---

① 《兴趣是否决定职业》，https：//mp. weixin. qq. com/s/aZ7RPXNipL KzdikajRfSPQ，2019-06-20，略有改动。

持久的心理倾向。只有把兴趣转化为职业兴趣，才能在我们的职业生涯中起到促进职业发展的作用。

在这个案例中，小陈的兴趣是游戏设计，他也在游戏设计方面具备一些知识和技能。但是小陈的知识更新不够，技能单一，无法面对工作中的变化和任务的改变。如果小陈将游戏设计类工作作为求职目标，就要把自己的兴趣转化成职业兴趣：需进一步丰富和提升自己的各项技能，如敏锐的市场观察能力、团队协作能力、人际交往能力等。

三、指导

1. 在择业中除了兴趣外，我们还要考虑个人、家庭、社会等因素

现实中，小陈的家庭并不富裕，小陈爸爸希望小陈能早点上班；理想中，小陈爸爸说，看到儿子这么喜欢游戏设计，自己真是恨不得开个公司，让小陈从事自己喜欢的工作(但是家里的经济条件又不允许)。可见，对于小陈的兴趣，家里人是持支持态度的，但是他们没有考虑到其他的因素，比如小陈的性格、学历、技能、能力、就业市场的情况等。

于是职业指导师与小陈和小陈爸爸一起讨论兴趣与职业之间的关系，以及小陈目前在求职中遇到的问题，渐渐让小陈和小陈爸爸能够正确看待兴趣与职业之间的关系。

2. 做好自身职业规划，让兴趣和工作有效结合

职业兴趣和工作的匹配还有很多影响因素，比如能力的培养、经验的积累、技能的锻炼、工作态度的端正等。归根结底，还是看一个人有没有职业的规划。

如果职业和兴趣正在发生冲突或者有这方面的担忧，不妨尝试以下做法。

(1)评估兴趣和工作之间的差距。如果能力不够，可以先就业，后爱好。先找工作，培养自己的各种能力，具备了较强的实力之后，再转换职业领域，和自己的兴趣爱好靠近。

(2)把兴趣爱好和职业生活并行。很多成功人士都有着某方面的特长和兴趣，这不仅有助于身心的愉悦，也促进了他们事业的发展。

对于小陈，如果想让自己的爱好与工作并行，以下措施可能对他有所帮助。

①请教专业人士。通过游戏设计方面的专家或者是职业咨询师，了解游戏设计行业的动态、就业机会以及工作技能的培养。

②尽量丰富兴趣爱好。试着让兴趣多元化，不要总是固执地喜欢一种类型。如果A类爱好不适合你的工作，那么B类爱好也许可以，拓宽自己的就业面。

③多给自己一些调整空间。不要总是在刚接触一份工作的时候就直觉地判定喜恶，给自己与工作多一点认识与熟悉的时间，也许在工作中会渐渐发现兴趣。

经过指导，案例中的小陈最后决定还是自己创业，指导老师为他提供了创业方面的政策咨询和服务。小陈目前正在创业，他开设了一家3D产品设计制作工作室。

这个案例，不禁让人思考：兴趣能否直接决定一个人的职业？职业指导师认为，决定职业的不仅仅是兴趣，不要轻易以自己的喜好作出判断，而要从多个方面去考虑自己的职业选择，做好职业规划，这样才能让自己的职业道路越走越有“兴趣”。

CHAPTER 3

第三章
职业环境认知

CHAPTER 3

学习目标

1. 认识到职业环境认知的重要性，能积极主动地收集职业信息；

2. 了解职业环境认知的主要内容，能初步把握职业环境的变化和发展趋势；

3. 拓展认识职业环境的思路，能够运用网络搜索、生涯人物访谈、见习、社会实践等多种方法获取有效的职业信息；

4. 了解企业等用人单位的组织特点、企业文化和用人需求，并能结合自己的职业人格特点确定未来职业发展方向。

案例

小鹏在西北农村某小学任教，主要从事语文教学和班主任工作。小鹏当初选择教师职业的时候，主要是父母替他做主的。因为读师范类专业可以参加当地农村教师招聘考试，工作后职业相对稳定，且能就近关照老家亲人，因此小鹏选择了一所重点师范院校学习，毕业后参加当地农村教师招聘考试，如愿获得了这份工作。小鹏工作三年以后，发现自己并不适合当教师，农村小学校园更不是自己理想中的工作场所，感到教师工作相对单调，每天“上课、下课”太过乏味，认为当教师过于死板、教条，加之与社会接触少，感到社交圈子太小，不能发挥自己的特长优势，没有职业成就感。

小鹏做过职业人格测评，测评结果显示小鹏属于艺术型。他的直觉想象力很好，善于表达，喜欢无拘无束的工作。因此他迫不及待地想要摆脱这个工作，可是又没有合适的职业方向。经过深思熟虑和与家人探讨后，小鹏决定辞去现有工作，将自己专业学习所得和自身兴趣爱好相结合，在当地县城开了一家幼儿艺术学校。如今，小鹏的艺术学校发展很好，在当地小有名气，小鹏也很有成就感。

分析：

寻找适合自己的职业方向不是一件简单的事，需要在充分把握各种职业环境信息的基础上，结合自身职业人格特点，选择适合自己的行业领域和工作单位。小鹏遇到的职业发展问题说明他在就业前对职业环境的了解不足，对职业环境的认知不到位，没有充分意识到适合自己的职业环境特点，盲目地根据父母意见选择专业和就业方向，造成发展受挫，没有职业成就感；小鹏在重新定位后，选择了适合自己的职业方向的时候，便很快取得职业上的快速发展和成绩。

职业环境认知是大学生职业生涯规划的两个重要前提之一。职业环境与自己职业取向之间的关联度、工作岗位回报与自己职业价值观之间的匹配度，直接决定着人们职业发展的内驱力，对人们职业成就感和生活幸福感有巨大的影响。工作岗位与自己的职业兴趣匹配，工作环境符合自己的职业预期，工作回报能满足自己的利益诉求，人们在工作中就会感觉到能够充分发挥自己的才能，满足自己的需求，工作起来心情愉悦，职业满足感油然而生，经过短期发展就能取得较高职业成就。反之，人们在工作岗位上没有一丝成就感，有的只是单调和乏味、压力与无奈，工作三五年就会出现跳槽改行的想法，甚至出现职业倦怠。在我们今天所处的时代，产业升级加速发展，行业调整时刻发生，职业环境变迁无处不在。把握职业世界的变化趋势，包括职业环境的变迁、就业市场的变化、企业文化的改变、职业理念的更新、工作方式的调整等，是当代大学生确定专业发展方向，进行职业生涯决策的前提。

第一节　职业环境认知的内容

对职业环境的探索和认知是大学生职业生涯规划与发展的一项重要任务。探索和认识职业环境，应主要从社会环境、组织环境、具体职业、专业和家庭背景等几个方面入手。

一、社会环境分析

社会环境分析，就是对我们所处的社会政治环境、经济环境、法制环境、科技环境、文化环境、语言环境、卫生环境等宏观因素的分析。社会环境对每一个人的职业生涯发展都有重大影响。通过对社会大环境包括国际、国内与所在地区 3 个层次的分析，来了解和认清国际、国内和自己所在地区的政治、经济、科技、文化、法制建设、政策要求及发展方向，判断行业领域发展前景，帮助寻找各种发展机会。

中国现在正处于近两百年以来最好的历史发展时期。尽管还存在许多体制机制弊端，但总体而言，我国社会安定，政治稳定，经济发展迅速，法制建设不断完善，文化繁荣自由，尖端技术、高新技术突飞猛进。可以说，21 世纪的中国正面临着一个非常好的宏观环境，充满各种人才发展的机遇。

知识链接

“中国制造 2025”重点发展的 10 大领域

2015 年 5 月 8 日，国务院印发《中国制造 2025》。《中国制造 2025》指出我国经济发展环境发生重大变化。随着新型工业化、信息化、城镇化、农业现代化同步推进，超大规模内需潜力不断释放，为我国制造业发展提供了广阔空间。各行业新的装备需求、人民群众新的消费需求、社会管理和公共服务新的民生需求、国防建设新的安全需求，都要求制造业在重大技术装备创新、消费品质量和安全、公共服务设施设备供给和国防装备保障等方面迅速提升水平和能力。全面深化改革和进一步扩大开放，将不断激发制造业发展活力和创造力，促进制造业转型升级。我国经济发展进入新常态，制造业发展面临新挑战。资源和环境约束不断强化，劳动力等生产要素成本不断上升，投资和出口增速明显放缓，主要依靠资源要素投入、规模扩张的粗放型发展模式难以为继，调整结构、转型升级、提质增效刻不容缓。形成经济增长新动力，塑造国际竞争新优势，重点在制造业，难点在制造业，出路也在制造业。

“中国制造2025”明确，要顺应“互联网＋”的发展趋势，以信息化与工业化深度融合为主线，重点发展新一代信息技术、高档数控机床和机器人、航空航天装备、海洋工程装备及高技术船舶、先进轨道交通装备、节能与新能源汽车、电力装备、新材料、生物医药及高性能医疗器械、农业机械装备10大领域，强化工业基础能力，提高工艺水平和产品质量，推进智能制造、绿色制造。促进生产性服务业与制造业融合发展，提升制造业层次和核心竞争力。

二、 组织环境分析

组织环境分析包括行业环境分析和组织内部(企业)环境分析。行业和组织内部(企业)分析是职业环境认知的核心。

(一)行业环境分析

行业环境分析主要是对目前从事或拟从事的目标行业的环境分析，其内容应包括行业的发展状况、国际国内重大事件对该行业的影响、目前行业的优势与问题、行业发展趋势等。

行业与职业不同，行业是企业的集合。从事同类产品的生产销售企业或提供类似服务的企业达到一定的数量才形成一个行业。在分析行业环境时，一定要结合社会大环境的发展趋势。由于科学技术的飞速发展，会使某些行业如同夕阳坠落，逐渐萎缩、消亡；更有许多极具发展前途的朝阳行业不断出现、发展起来。同时还要注意国家政策的影响，要了解国家对某一行业是支持、鼓励和引导，还是限制、控制和制约。要尽量选择那些有前景、发展空间较大的行业。

(二)组织内部(企业)环境分析

组织内部(企业)环境分析包括用人单位的声誉和形象、组织(企业)实力(如在本行业中的地位、现状等)、发展前景、所面对的市场状况、产品和服务在市场上的发展前景、能够提供的工作岗位、培训机会、企业文化、福利待遇等方面。可以说，组织(企业)环境分析是个人择业的重中之重，也是职业环境探索的重要内容。个人在选择组织(企业)时有必要通过个人可能获得的一切渠道，来充分了解和考虑各种因素。

1. 组织特色

企业的组织规模、组织结构、企业领导人、企业制度、企业文化等一个企业独特的特点，均属于组织特色的范畴。企业主要领导人的抱负及能力是企业发展的决定性因素，很多成功的大企业都有一位出色的企业家作为掌舵领航人。企业制度涉及的范围比较广，包括管理制度、用人制度、培训制度等。企业文化是全体员工在长期的生产经营活动中形成并共同遵循的最高目标、价值标准、基本信念和行为规范。除了很好的福利、吸引人的薪酬、舒适的工作环境和出色的管理之外，优秀的企业还会创造积极的企业文化，让员工感到快乐和受尊重，从而使员工工作更有创造性。一定程度上来说，员工的职业生涯被企业文化所左右。

2. 经营战略

企业的发展战略与竞争能力决定着企业的发展潜力和生命力。组织的发展态势指企业处于创业期、发展期、稳定期还是衰退期。组织的发展态势对个人职业生涯的发展前景有巨大的影响。

3. 人力资源评估

人力资源包括一个组织机构的人事管理方案、薪资报酬、福利措施、晋升渠道、培训机会、员工关系、人员流动等。重点了解企业未来需要什么样的人才、需要多少，对人才的具体要求是什么，如何招募等。

三、 具体职业分析

具体职业分析主要包括对目标职业和具体职位的了解两部分。

（一）职业评估

职业评估主要包括对目标职业的管理性因素、发展性因素、入门条件、学习/工作实况和从业者的所得所感等的评估分析。其中管理性因素包括组织架构、组织类型、组织文化和人员架构等；发展性因素包括所属行业、业务范围、发展规模、业内排行等；入门条件包括身体条件、教育经历和培训、心理要求、学习或工作经验等；学习/工作实况包括学习/工作内容、学习/工作强度、学习/工作环境、学习/工作管理等；所得所感包括对薪酬待遇、个人发展、社会资源的满意度等。

（二）工作分析

工作分析又称职位分析、岗位分析或职务分析，指通过系统性方法，对工作岗位本身以及任职者所需的知识、技能、能力、素养等条件进行分析。工作分析是进行“人职匹配”分析的前提。

工作分析所要收集的信息可归纳为 6W1H，即做什么(What)、为什么(Why)、用谁(Who)、何时(When)、在哪里(Where)、为谁(for Whom)、如何做(How)。通过 6W1H 收集到的信息，就是各个岗位对应的岗位说明书。岗位说明书的内容可以按照工作描述和工作规范两部分来整理。

工作描述的内容包括岗位名称、工作目的、工作职责与工作任务、工作联系、工具与设备、绩效标准、权限、岗位的晋升与替代、工作条件等；工作规范的内容包括教育背景、工作经验、知识技能、个性特征、身体要求、其他特殊要求等。

四、 其他环境因素分析

除了社会环境、组织环境、具体职业等外部因素外，影响个人职业发展的其他环境因素还包括学习的专业因素和个体成长的家庭因素等。

专业因素分析重点把握与本专业对应的职业群关联的职业资格、科技进步对本专业对应职业群发展趋势的影响、与本专业相关的职业机会与前景等方面；家庭因素分析重点评估家庭成员的情感支持、个人技能的发展、时间与精力的分配矛盾、家庭事务和家人关系的处理等。

第二节 探索职业世界的途径与方法

在现代职业世界中，一个企业对商业信息掌握的多寡，从一定意义上来说决定着企业的生存与消亡。对于个人的职业生涯发展来说同样如此，谁拥有更多的职业信息，谁拥有的职业信息更为有效，谁就能在职业生涯发展中争得主动。在校大学生对职业信息的掌握程度，对大学生职业生涯规划及就业竞争力有直接影响。很多大学生不知道如何进行职业世界的探索，其中一个很重要的原因是不懂方法，他们面对浩如烟海的职业信息时，根本搞不清应该通过哪些途径，运用哪些方法介入职业世界。

职业世界探索，是指通过加强对自我和环境的认识与了解，以促进个体职业生涯发展的活动。探索职业世界的途径包括查阅、讨论、参观、实习和访谈等。其中，对宏观职业环境的探索可以采用查阅和讨论的方法；对行业环境、组织环境、岗位环境的探索，除了通过查阅资料和讨论外，还可以采用实地参观、见习实习及对相关从业者进行访谈等方法实现。

通过各类职业世界探索方法收集职业信息，可以帮助在校大学生正确认识自己的优势和需求，从而制订更加合理的大学学习、生活和实习计划。

一、 探索职业世界的常用方法

（一）文献查阅法

文献查阅法主要指通过浏览和查看互联网、报刊、书籍、企业宣传材料等途径探索目前职业环境的方法。查阅法的优点是方便快捷、信息量大、成本低、节约时间，不足是得到的信息多为间接的、片面的，可能与实际体验有一定差距。在探索宏观职业环境时，要多浏览政府网站、行业协会网站，尤其是各省市的毕业生就业信息网和各类招聘信息网。通过在这些网站上收集目标职业的人才需求信息，可以从中总结出近几年大学生就业的特点和人才市场发展的趋势。

（二）讨论法

个体掌握的信息总有一些局限，与别人一起讨论自己感兴趣的职业问题，可以拓展自己的视野，扩大对职业世界的认识，同时打消一些不切实际的想法。当个体对职业信息不能很好地把握时，可以和同学、朋友、老师、父母等周围的人一起讨论，共享和分析对职业世界的探索结果。

（三）见习实习

见习和实习是在校大学生探索行业环境、组织环境和岗位环境最为直接有效的方法。见习是到相关职业现场进行短时间的观察和了解，进而掌握相应职业岗位的工作性质、内容、职业环境和工作氛围的方法；实习是到职业场所进行一定时间的打工、兼职或教学实践。实习可以更深入、更真实地了解职业岗位的工作任务、工作要求、工作条件及个人的适应情况等信息。当代大学生缺乏社会实践，直接的职业体验较少，应该鼓励大学生通过假期社会实践、课程见习、综合实习等方式了解职业世界，增长见闻，开阔眼界，加强对职业世界的了解。

（四）生涯人物访谈

生涯人物访谈，是通过与一定数量的职场人士(一般为自己感兴趣的职业从业者)会谈而获取关于一个行业、职业和单位“内部”信息的一种职业探索活动(详见本章第三节)。生涯人物访谈作为一种获取职业信息的有效渠道，能帮助在校大学生检验和验证以前通过网站等其他途径获得的信息，并了解与未来工作有关的特殊问题或需要，诸如入职标准、岗位胜任能力要求、晋升路径、从业体验等无法从大众传媒或其他报刊书籍得到的信息。

二、 通过职业分类的方法了解职业世界

在繁杂的职业世界中挑选符合自己特点的工作是一项具有挑战而又艰巨的任务。如果能够按照一定的规则将职业分类，则可以轻松地找到和自己特点相符的工作。

（一）霍兰德职业环境类型

霍兰德在职业兴趣理论的基础上(详见第二章第二节)，于 1985 年提出的职业人格一工作环境类型理论(见图 3.1)是当前人职匹配理论的主流观点。霍兰德将环境归纳为六种类型，并详细描述了与这六种类型相适应的职业。

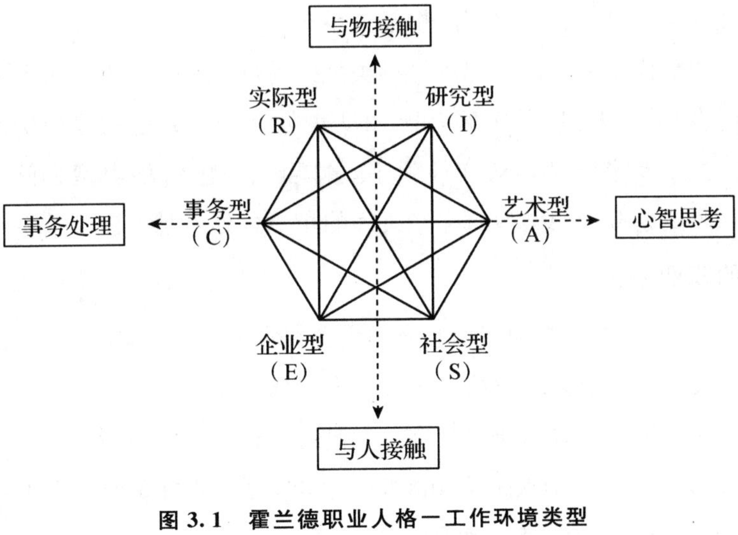

图 3.1 霍兰德职业人格一工作环境类型

实际型的人适合有规则和需要技能的行业，喜欢较具体的工作，穷于应付人际

交往，具体表现为重视事务，不喜欢抽象、模棱两可、社交性质的职业环境。

研究型的人聪慧、抽象，善于分析，喜欢需要智力的独立工作，适合做科研，具体表现为重视客观的数据、科学，认为自己好学、有自信，拥有数学和科学方面的才能。

艺术型的人喜欢通过艺术进行自我表现，喜欢有想象力、创造性的工作，避免事务性的职业环境，认为自己具有创意，富有自觉性，不按常理出牌，重视美感的追求。

社会型的人喜好社交活动，关心社会问题及社区服务取向，适合需要人际交往的工作，喜欢以社交的方式来解决工作及其他方面的问题，重视社会问题与人际关系。

企业型的人外向、进取，适合管理和销售类工作，喜欢以企业的方式来解决工作及其他方面的问题，认为自己具有领导与表达的能力，重视权力与成就。

事务型的人喜好有结构、系统条理的工作，适合从事公务或文书事务员之类的工作，避免抽象、艺术的职业环境，认为自己具有文书与数学的能力，重视商业与经济上的成就。

霍兰德认为，人们可以根据他们与六种人格类型描述的类同之处进行归类。相应地，环境也可以根据它与六种类型的相似之处做同样的划分。霍兰德在描述与界定这六种类型及其相应的环境基础上，提出一个六角形模型，来确定人格类型与环境之间的心理相似性以及它们之间的相互关系。

在这个六角形模型中，通过把每一种类型以特殊的顺序放在六角形的各个角上，可以最佳呈现各种类型之间的关系。比如从实际型开始，依次是研究型、艺术型、社会型、企业型以及事务型。从这种顺序安排可以看出每种类型之间的相似程度：在六角模型中距离越接近的类型，它们之间的相似之处就越多。

（二）我国的职业分类

我国第一部《中华人民共和国职业分类大典》颁布于 1999 年。近年来，由于经济社会的不断发展，我国社会职业构成发生了很大变化。为适应发展需要，国家颁布了 2015 年新版《中华人民共和国职业分类大典》。与 1999 年《中华人民共和国职业分类大典》相比，2015 年《中华人民共和国职业分类大典》维持 8 个大类不变，增加了 9 个中类和 21 个小类，减少了 547 个职业。

2015 年《中华人民共和国职业分类大典》职业分类结构为 8 个大类、75 个中类、

434 个小类、1481 个职业。

1. 第一大类名称修订为“党的机关、国家机关、群众团体和社会组织、企事业单位负责人”，其职业分类修订参照我国政治制度与管理体制现状，对具有决策和管理权的社会职业依组织类型、职责范围的层次和业务相似性、工作的复杂程度和所承担的职责大小等进行划分与归类。修订后的第一大类包括 6 个中类、15 个小类、23 个职业。与 1999 版相比，增加 1 个中类，减少 1 个小类、2 个职业，并对部分类别名称和职业描述进行了调整。

2. 第二大类名称为“专业技术人员”，维持原大类名称不变，其职业分类修订除遵循职业分类一般原则和技术规范外，还着重考量职业的专业化、社会化和国际化水平。修订后的第二大类包括 11 个中类、120 个小类、451 个职业。与 1999 版相比，减少 3 个中类，增加 5 个小类、11 个职业。

3. 第三大类名称为“办事人员和有关人员”，维持原大类名称不变，其职业分类修订主要依据我国公共管理与社会组织中从业者的实际业态进行。修订后的第三大类强化其公共管理、企事业管理等领域行政业务、行政事务属性，包括 3 个中类、9 个小类、25 个职业。与 1999 版相比，减少 1 个中类、3 个小类、28 个职业。

4. 第四大类名称修订为“社会生产服务和生活服务人员”，其职业分类修订主要参照国民经济行业分类以及我国服务业发展现状，特别关注新兴服务业的社会职业发展，主要按照服务属性归并职业。修订后的第四大类包括 15 个中类、93 个小类、278 个职业。与 1999 版相比，增加 7 个中类、50 个小类、81 个职业。

5. 第五大类名称修订为“农、林、牧、渔业生产及辅助人员”，其职业分类修订以农、林、牧、渔业生产环境、生产技术和产业结构的变化，现代农业生产领域中生产技术应用、生产分工与合作的现状为依据，参照国民经济行业分类进行。修订后的第五大类包括 6 个中类、24 个小类、52 个职业。与 1999 版相比，中类维持不变，减少 6 个小类、83 个职业。

6. 第六大类名称修订为“生产制造及有关人员”，其职业分类修订按照国民经济行业分类以及生产制造业发展业态，以工艺技术、工具设备、主要原材料、产品用途和服务与技能等级水平相似性进行。修订后的第六大类包括 32 个中类、171 个小类、650 个职业。与 1999 版相比，增加 5 个中类，减少 24 小类、526 个职业。

7. 第七大类名称为“军人”，沿用 1999 版《中华人民共和国职业分类大典》做法，维持原大类名称及内容表述不变。

8. 第八大类名称为“不便分类的其他从业人员”，沿用1999版《大典》做法，维持原大类名称及内容表述不变。

知识链接

新职业

在我国，新职业通常指经济社会发展中已经存在一定规模的从业人员，具有相对独立成熟的职业技能，在1999年出版的《中华人民共和国职业分类大典》中未收录的职业。新职业一般具有如下特性：一是目的性，即有人专职从事此业赖以谋生；二是社会性，即为他人提供产品或服务；三是规范性，即是合乎法律规范的；四是群体性，一般要求有不少于5000人的从业人员；五是稳定性和独特技术性。

例如，2019年4月1日，人社部、市场监管总局、统计局正式向社会发布了人工智能工程技术人员、物联网工程技术人员、大数据工程技术人员、云计算工程技术人员、数字化管理师、建筑信息模型技术员、电子竞技运营师、电子竞技员、无人机驾驶员、农业经理人、物联网安装调试员、工业机器人系统操作员、工业机器人系统运维员13个新职业信息。

第三节　生涯人物访谈

在本章第二节中已经提到：生涯人物访谈是通过与一定数量的职场人士(尤其是自己感兴趣的职场成功人士)会谈而获取关于某个行业、职业及组织单位内部信息的一种职业探索活动。由于生涯人物访谈是探索职业世界的常用方法和有效途径，我们单列一节来讲述生涯人物访谈的意义、主要内容和操作流程。

一、生涯人物访谈的意义

通过生涯人物访谈，可以了解该行业或企事业单位的相关职业信息，如岗位胜任能力要求、薪资标准、晋升路径、发展空间等。作为一种获取职业信息的有效途径，生涯人物访谈可以帮助求职者(尤其是在校大学生)检验和印证以前通过网络等其他渠道获得的职业信息，并了解与该行业领域工作相关的特殊需要或素质要求，进而帮助求职者决定是否进入该领域发展。对于在校大学生来说，生涯人物访谈是一个简捷、有效地体验和了解未来职业环境的好方法，既可以检验自己是否真的对这一职业领域感兴趣，也可以帮助大学生规划自己在校期间的学习和实践方案，为未来就业和职业发展做好准备。具体来说，生涯人物访谈有以下几个方面的作用。

1. 通过实地考察和体验职业环境，探索适合自己的职业发展方向。

2. 了解岗位胜任能力要求，把握专业优势，寻找自己职业能力方面的差距，进而帮助自己制订能力提升计划。

3. 了解行业企业或组织单位内部的工作架构、工作内容和具体工作环境，为自己的生涯决策提供帮助。

4. 寻求职场成功人士的建议，更好地认识自己的职业能力，树立面试、求职的信心。

5. 通过生涯人物访谈扩大自己的职业人际关系网。

二、 生涯人物访谈的主要内容

为了更好地了解职业相关信息，在做职业生涯人物访谈时，既要获取职业环境相关的客观信息，又要了解从业者的主观感受，尤其是职场成功人士结合自己的入职和职场发展经验为在校大学生提出的意见与建议。

以下是一份生涯人物访谈内容清单，主要包括职业环境的客观要求和职场人物成长经验两个方面。

范例

生涯人物访谈内容清单

职业环境的客观要求	职场人物成长经验
工作性质、任务或内容	个人的教育经历和工作经验
工作环境、工作地点和工作时间	选择该职业的原因
职业所需学历、职业资格、技能或经验	职业发展历程
收入或薪资待遇及各项福利	工作回报，包括经济报酬、精神满足及成就感等
职业相关的就业机会及入职要求	对工作的个人评价
进修或升迁机会	取得良好工作业绩的方法
行业文化和规范	对未来职业发展前景的设想
职业发展前景	对职业新人的建议

三、 生涯人物访谈的操作流程

（一）第一步：确定访谈内容

1. 主要任务

明确要通过访谈了解什么内容，是行业、企业方面的信息，还是职业、职位方面的信息。在明确访谈内容之前，先要对自己所学专业的服务行业领域方向及主要就业岗位群有个大致了解，对自己专业的人才培养目标和毕业要求做到心中有数。这样才能根据该专业人才培养目标定位和未来毕业就业方向，更好地确定生涯人物访谈的主要内容。

2. 注意事项

在进行生涯人物访谈前，先借助一定的工具(如霍兰德职业倾向测试、职业能力测量表、职业价值观自测量表或其他测评软件)分析自己的职业性格、职业兴趣、职业价值观和职业能力等，即完成一个较为全面客观的自我认知(必要时撰写自我认知报告)，进而根据自己的兴趣倾向预设一个未来求职行业或职业发展领域，为确定访谈对象、编制访谈清单或访谈提纲做好准备。

（二）第二步：寻找访谈对象

1. 主要任务

结合自己的职业兴趣、教育背景、工作预期和已经掌握的职业信息，列出未来期望或可能从事的 3～5 个职业，并在每个职业领域寻找 3 位以上的职场人士作为生涯人物访谈对象。生涯人物可以是自己的亲人、老师、学长、朋友或他们推荐的其他职场人士，也可以通过微信、QQ 等网络社交软件筛选确定相关职业领域的职场人士作为访谈对象。

2. 注意事项

生涯人物的职业是自己向往的，他们的职业成就是自己相对肯定的，但不应该将生涯人物访谈当成获得职业面试的机会；每个职业领域的访谈对象职位覆盖面合理，既有初入职场的人士，又有工作了一定年限的中高层管理人士或技术专家；对生涯人物访谈对象的了解越全面越好；姓名、职务、联系方式、工作规律等必须了解，对其发表的讲话、文章或大众传媒和所在单位网页上可获得的信息，要尽最大可能收集和熟悉。

（三）第三步：选择访谈方式

1. 主要任务

根据实际确定访谈方式。生涯人物访谈方式主要有当面访谈、电话访谈、书面访谈或网络在线访谈等。

2. 注意事项

在确定访谈方式时，要根据就业市场确定 3～5 个当面访谈任务。当面访谈可以在收集更多职业信息的同时，实地体验不同组织单位的职业文化和工作氛围，帮助自己积累一定的直接体验，因此，这是其他访谈方式无法实现的。

（四）第四步：编制访谈清单

1. 主要任务

围绕自己的目标职业以及需要了解的职业信息，编制具有针对性的访谈清单，设计访谈提纲或访谈问题。

2. 注意事项

访谈清单的编制要依据不同的行业领域、职业方向和访谈内容进行设计，要有针对性和目的性。要通过生涯人物访谈获得对自己有用的职业信息。

范例

面向不同访谈对象的访谈清单

访谈对象	访谈内容清单
面向公司管理层的访谈	1. 公司的股权结构和董事会的组成。 2. 公司的短、中、长期的战略规划。 3. 公司的发展方向、公司未来的市场定位和业务组合、对于企业未来发展的构想和建议。 4. 公司在市场上的地位、公司目前的发展状况。 5. 公司目前采取的公司战略(如差异化、低成本、集中等)。 6. 公司主要的竞争对手界定。 7. 公司成本控制的策略。 8. 你认为未来五年行业的发展方向如何？哪些因素是影响行业发展的重要因素？ 9. 公司目前涉足领域有哪些？您怎么看待它们的经营情况？

续表

访谈对象	访谈内容清单
面向公司研发部人员的访谈	1. 描述公司研发体系的设置、研发模式及研发流程。 2. 公司研发部门设置及其职责。 3. 公司现有的技术水平及技术优势。 4. 公司主要技术的取得方式、核心技术介绍及其来源。 5. 公司的技术储备情况。 6. 公司主要产品所处的技术阶段。 7. 主要产品的技术含量、可替代性。 8. 公司的研发优势、技术成果、研发方面存在的风险。 9. 公司针对研发团队采取的激励措施、研发团队的稳定性。 10. 公司现有的技术开发平台及设施。
面向公司销售部人员的访谈	1. 公司所处行业的市场容量及近 3 年的变化趋势。 2. 公司在行业中的市场占有率、行业排名及近 3 年的变化。 3. 进入本行业的主要障碍。 4. 行业发展的有利因素和不利因素。 5. 行业的周期性、区域性和季节性特征。 6. 行业的管理体制、行业协会。 7. 行业内主要企业的业务模式，本公司的业务模式。 8. 公司的主营业务、主要产品、主要产品的销售群体及销售区域。 9. 公司主要产品的产能、产量、销量、销售价格及其变动情况；主要产品销售额占公司年度销售额的比例(近三年)。 10. 行业及本公司主营业务的利润水平、近三年的变化及其未来变动趋势。
面向公司生产部人员的访谈	1. 公司的生产模式介绍。 2. 公司生产流程、生产的关键环节介绍。 3. 描述公司的生产工艺(工艺流程图)、生产技术及其在行业中的领先程度并举例说明，主要产品生产技术的成熟程度。 4. 公司主要产品图片、近三年的产能、产量、产能利用率。 5. 公司生产的季节性，是否存在生产瓶颈。 6. 公司在产品生产制造环节的弹性制造能力。 7. 公司如何在生产过程中进行品质控制和成本控制。 8. 主要生产设备、厂房的取得方式，主要设备的先进程度、使用年限、成新率等。 9. 公司在产品制造过程中掌握的专有技术或工艺、公司在制造方面的优势和不足。 10. 公司制造部门的设置及其主要职责，公司业务重组前后公司制造部的变化。

确定好访谈清单后，要尽可能简洁、全面地设计访谈提纲或访谈问题，不能在具体访谈时临时性或随意性决定访谈提纲，避免仓促带来的片面性或访谈低效问题；访谈问题的设计以封闭性问题为主，既可以节约时间，又能得到明确的答案；访谈

问题措辞要尽量口语化，通俗易懂。

范例

例一：针对学长成长体验的访谈提纲

1. 您觉得成功的标准是什么？您觉得怎么样才算是成功的人生？

2. 您的大学生涯有哪些收获，比如知识、成长、爱情等。

3. 回想大一的自己，现在的您有哪些改变？

4. 您在校学习生活中印象最深刻的是什么事情？

5. 您考研的目的，或者驱动您考研的动力是什么？

6. 考研时有过怎样的阻碍和困难？您又是怎么克服的呢？

7. 您认为自己最重要的学习习惯是什么？您有什么特殊的学习技巧吗？

8. 请谈谈您的兴趣爱好。

9. 您认为在大学期间担任学生会干部是否会对人起到锻炼作用，具体体现在哪一方面？

10. 在您成长的过程中，您觉得自己发展的低谷是什么时候？您又是怎么走出低谷的呢？

例二：针对就业前景的访谈提纲

1. 您是如何找到目前的这份工作的？

2. 目前，该行业从事您这份工作的人需要怎样的教育和培训背景？

3. 您认为这份工作需要怎样的知识和技能储备？

4. 在该行业内，新入职的人员从事什么岗位能得到最大程度的锻炼，最有益于今后发展？

5. 据您所知，从事这种工作的人在该领域的发展前景如何？

6. 该行业内，一般能给新员工怎样的入职培训？

7. 您工作以来最大的成就感来自哪个方面？

8. 从事该领域工作能实现您的人生价值吗？家人对您的工作满意吗？

9. 据您所知，有哪些网站或杂志可以帮助我们更好地了解该行业的就业信息？

10. 依据您的经验，对我们在校大学生的学习有什么建议？

（五）第五步：访谈生涯人物

1. 主要任务

预约生涯访谈对象，确认访谈的方式、时间和地点；通过面谈、电话访谈、QQ访谈等方式完成访谈。

2. 注意事项

预约访谈对象前要做好充分准备，电话预约时还应准备好纸笔，以备临时进行电话采访；预约时先介绍自己，然后说明找到该访谈人物的途径、自己的谈话目的、感兴趣的职业以及访谈所需要的时间(通常 20 分钟左右为宜，一般不宜超过 30 分钟)；访谈中要乐于倾听对方，给对方留出提供其他信息的机会；访谈结束时，请对方再给自己推荐其他相关的生涯人物，从而以滚雪球的方式拓展自己的职业认知领域。

（六）第六步：结束访谈

1. 主要任务

访谈结束时，要有礼貌地表示感谢，可以赠送一些自己的作品或小礼物给对方；访谈结束后一天之内，最好能通过合适的方式再次向对方表示感谢。

2. 注意事项

结束访谈时，除有礼貌地表示感谢外，可以赠送学校或自己专业的宣传材料；访谈结束后，对因时间或其他原因不允许访谈现场记录的内容进行补记。

（七）第七步：整理访谈结果

1. 主要任务

访谈结束后，及时整理、分析和归纳访谈记录，分析访谈结果，并确定是否需要进行后续或其他访谈。

2. 注意事项

在同一职业领域采访 3 个以上的生涯人物后，再对照之前自己对该职业的认识，着手分析访谈结果。

分析访谈结果时要尽量做到求同存异，对于不同访谈对象对同一问题的回答差异，要结合各自不同的职业发展背景、教育经历等可能的原因进行分析。

本章知识摘要

1. 职业环境认知的重要性：人职匹配理论揭示，职业环境与从业者职业取向之间的关联度、工作岗位回报与从业者职业价值观之间的匹配度，直接决定着从业者职业发展的内驱力，对其职业成就感和生活幸福感有巨大的影响。职业环境认知和自我认知同为大学生职业生涯规划的两个重要前提。没有这两个前提，大学生职业生涯规划就无从谈起。

2. 探索和认识职业环境的主要内容：包括社会环境、组织环境、具体职业、专业和家庭背景等。

3. 探索职业世界的常用方法：包括文献查阅法、讨论法、见习实习、生涯人物访谈等。

4. 我国的职业分类：2015年《中华人民共和国职业分类大典》职业分类结构为8个大类、75个中类、434个小类、1481个职业。

5. 生涯人物访谈：指通过与一定数量的职场人士(尤其是自己感兴趣的职场成功人士)会谈而获取关于某个行业、职业及组织单位内部信息的一种职业探索活动。

课后活动

生涯人物访谈

活动目标：让学生通过对自己感兴趣的职位从业者进行采访活动，收集职位信息。

活动流程：

1. 按职业兴趣分组。自由组合，每组3～5人，选出组长。

2. 了解访谈注意事项。为自己准备一个“30秒的展示广告”，当采访对象问及自己的职业兴趣和目标时，有备发言，给对方留下好印象。

3. 小组讨论拟定访谈提纲。

4. 两周后总结。以小组为单位呈现访谈结果，可采用海报展览、PPT展示等方式进行。

拓展阅读

职业(行业)发展前景的八种类型

我国著名的职业生涯开发与管理培训师程社明形象地将职业(行业)发展前景分为八种类型：

1. 曙光职业

像太阳即将升起之前，初露曙光的职业，如职业规划管理师等。

2. 朝阳职业

像一轮红日冉冉升起，发展潜力较大的职业，如项目管理师、企业培训师、人力资源管理师等。

3. 如日中天职业

像正午光芒四射的太阳，已充分发展并占据主流位置的职业，如建筑设计师、公务员等。

4. 夕阳职业

像傍晚的太阳，呈日落西山之势的职业，如公交车售票员等。

5. 黄昏职业

像太阳刚落山的情景，暮色环绕，从业人数剧减，即将退出历史舞台的职业，如钢笔修理工、弹棉花工等。

6. 恒星职业

像恒星一样，只要人类社会延续，就一定会存在的职业，如医生、教师、服装设计师等。

7. 流星职业

像流星一样一闪而过的职业，如传呼台的传呼员等。

8. 昨日星辰职业

曾经存在很长时间且比较流行，但现在已经消失的职业，如铅字打字员等。

CHAPTER 4

第四章 职业发展方向与生涯目标

CHAPTER 4

学习目标

1. 掌握生涯决策的基本概念；
2. 了解影响生涯决策的因素；
3. 熟悉生涯决策的过程理论；
4. 了解生涯决策的原则；
5. 掌握生涯决策的方法。

案例

18岁的小奎在开学典礼上，代表新生发言，表示自己立志要成为李嘉诚第二、中国首富；大三那年的春节，高中同学聚会上，21岁的小奎表示大四毕业时要创立自己的公司，30岁之前拥有资产5000万元；23岁的小奎在某工厂当技术员，第二职业是炒股，他表示，在工厂当技术员太没有前途了，他要全力炒股，三年内用5万元炒到500万元；25岁的小奎炒股失意，但情场得意，开始准备结婚，希望一年后能有5万元，风风光光地结婚；26岁的小奎在不太风光的婚礼上，表示自己的愿望是生一个胖小子，将来当个车间主任；28岁的小奎所在工厂效益下滑，正逢妻子怀胎十月，小奎希望自己不要下岗，能挣到每月 5000 元的工资养家糊口。

分析：

小奎 18 岁到 28 岁的十年中，多次更改职业目标，从中国首富到不要下岗，差距巨大。究其原因，主要是因为小奎的自我认知、职业环境认知不到位，没有顾及自身条件和职业环境，设定了一系列不切实际的职业目标。目前很多在校大学生没有形成较为客观全面的自我认知和职业环境认知，处于盲目地“上课—下课”或沉浸于各种校园“非主流”生活状态下，对职业发展没有任何概念。当谈及毕业后的职业选择时，主要突出工资待遇是否满足自己的期望，基本不考虑自身的能力素质。等到毕业时，才发现根本没有人愿意提供自己期望的工资待遇，甚至因自身能力素质欠缺，根本找不到适合的工作。

职业生涯规划是一门方法学课程。高校应鼓励在校大学生掌握自我认知、职业环境认知、生涯决策的方法，通过科学的方法寻找适合自己人格特质的职业发展方向，设定合理的职业发展目标，并做好规划，制订能力提升计划，有目的、有计划地通过理论学习和实践活动提高自己的职业能力，为未来职业发展打下坚实基础。

第一节　决策风格与决策流程

一、 决策风格

职业生涯决策是个人根据各种条件，并经过一系列评估活动以后，进行的目标决定，以及为实现目标而制订优选的个人行动方案。在生活中，每个人都要不可避免地做出各种大大小小的决定。即使不做决定，最终也会形成一个被动选择的结果，因此决策是不可避免的、不断发生的、伴随每个人终生的人类活动。一个决定越重要，决策就越困难。有的人做出决定时干净利落，有的人优柔寡断；有的人积极主动地做出决定，有的人消极等待不得已地选择。

（一）决策风格的类型

美国职业生涯专家斯科特(Scott)和布鲁斯(Bruce)于1995年提出个人决策风格是在后天的学习经验中逐渐形成的，并将决策风格划分为五种类型：理智型、直觉型、依赖型、回避型和自发型。

1. 理智型

以周全的探求、对选择的逻辑性评估为特征。理智型的决策者具备深思熟虑、分析、逻辑的特性。这类决策者会评估决策的长期效用并以事实为基础做出决策。理智型决策风格是比较受到推崇的决策方式，强调综合全面地收集信息、理智地思考和冷静地分析判断，是其他决策风格的个体需要培养的一种良好的思考习惯。但理智型的决策风格也并不是理想的、完美的决策方式，即使采用系统的、逻辑的方式，也会出现因为害怕承担决策的后果而不能整合自己和他人建议的困扰。

2. 直觉型

以依赖直觉和感觉为特征，比较关注内心的感受。直觉型的决策风格以自我判断为导向，在信息有限时能够快速做出决策，当发现错误时能迅速改变决策。由于以个人直觉而不是理性分析为基础，这类决策发生错误的可能性较大，因此，易造成决策不确定性，容易丧失对自己决策的信心。

3. 依赖型

以寻求他人的指导和建议为特征。依赖型的决策者往往不能够承担自己做决策的责任，允许他人参与决策并共同分享决策成果，会受到他人的正面评价，但也可能因为简单地模仿他人的行为导致负面的反应。依赖型的决策者需要理解生活中家族亲人对自己的影响程度。

4. 回避型

以试图回避做出决策为特征。回避型的决策风格是一种拖延、不果断的方式。面对决策问题时会产生焦虑的决策者，往往因为害怕做出错误决策而采取这样的反应。由于决策者不能够承担做决策的责任，而倾向于不考虑未来的方向，不去做准备，不知道自己的目标，也不思考，更不寻求帮助。这样的决策者更容易受到学校就业指导等支持系统的忽略。所以，这些学生需要意识到自身的决策风格及其可能造成的危害，努力调整，增强职业生涯规划的意识和动机，才能从根本上得到帮助。

5. 自发型

以渴望即刻、尽快完成决策为特征。自发型的个体往往不能够容忍决策的不确定性以及由此带来的焦虑情绪，是一种具有强烈即时性，并对快速做决策的过程有兴趣的决策风格。自发型决策者常会基于一时的冲动，在缺乏深思熟虑的情况下做出决策，此类决策者通常会给人果断或过于冲动的感觉。

课堂练习

“桃园摘桃”看决策风格

路边有一片桃园，假如你可以进入桃园摘桃子，但只许前进不许后退，只能摘一次，要摘一个最大的，你会怎么办？

可能使用的策略：

A. 对视野内的桃子进行比较，形成一个大概的标准，再根据这个标准选择最大的桃子。

B.“我感觉这个大！”就摘这个了。

C.“去问看桃园的人，让他告诉我什么地方的最大！”或者问旁边的人什么地方的最大。

D. 先别管了，走到最后再说吧。

E. 稍微比较，迅速摘一个。

请根据自己的决策选项思考自己属于何种决策风格，并与同伴交流。

（二）正确看待自己的决策风格

虽然不同的个体面对各种选择时会表现出不同的决策风格，但要做出一个科学、合理而又符合自身价值需求的决策，还是有章可循的。因此正确看待自己的决策风格，回避决策风格中的缺陷，有意识地培养良好的决策风格是非常必要的。

首先，进行职业决策时，要结合自己的性格、特长和兴趣。职业生涯能够成功发展的核心，就在于所从事的工作的要求正是自己所擅长的，制订职业规划一定要认真分析出自己的优缺点。如果一个人性格内向、不善于与人沟通，没有很好的交际意识，那么这个人就很难成为一名成功的管理人员。从事一项自己擅长并喜欢的工作，工作会很愉快，也容易脱颖而出。这正是成功的职业规划的核心所在。

其次，进行职业决策时，要考虑到实际情况，并具有可执行性。很多人刚开始时雄心壮志，一心想着出人头地。现实社会里的工作，有时确实会存在一定跨越性，但是更多的时候却是一种积累的过程——资历的积累、经验的积累、知识的积累。所以职业规划不能太过好高骛远，要根据自己的实际情况和社会的现实条件，一步一个脚印，层层晋升，最终方能成就梦想。

最后，职业决策必须有可持续发展性。职业决策不能只制订一个阶段性的目标，应该制订一连串的、可以贯穿自己整个职业发展生涯的远景规划。如果职业决策定得过于短浅，后面又没有后续职业决策点支撑，肯定会使人丧失奋斗的热情，且不利于自己的长远发展。

二、 影响生涯决策的因素

（一）个人因素

1. 心理特征因素。狭义的职业生涯决策是就业指导中一个承前启后的环节。个人对自我评估、职业评估和环境评估的内容及结果直接影响着职业决策，其中自我评估主要是对个体心理特征的评估，起着决策的定向作用。个体的心理特征是一种稳定的特性和倾向系列，包括兴趣、能力、价值观和性格等。

2. 个人背景因素。职业生涯决策的发展和形成是个漫长的过程，从特殊事件和经验的角度而言，每个人的人生都是独一无二的。个人所经历的生涯事件的差异，会对职业决策产生影响，这体现在不同性别、年龄和教育背景等方面。

3. 进行决策时的即时状态。要做出有效的决策，就必须保证在决策中身体、情绪和精神状态都处在最佳状态。在决策过程中会面临诸多障碍，这些障碍会影响即时决策。职业决策最终定位在行动执行上，职业目标的设定、执行受职业规划观念的影响和制约，同时又反过来影响职业决策方式。

（二）家庭及成长环境因素

每个人的家庭及成长环境对职业生涯发展都有影响。首先，教育方式的不同，造成他们认知世界的方式不同；其次，父母职业是学生最早观察模仿的角色，学生必然会得到父母职业技能的熏陶；再次，父母的价值观、态度、行为、人际关系等对个人的职业选择起到或直接或间接的深刻影响；最后，朋友、同龄群体的影响也是很大的，他们的职业价值观、职业态度、行为特点等不可避免地会影响到个人对职业的偏好、选择从事某一类职业的机会和变换职业的可能性等方面。

（三）社会环境因素

社会环境中流行的工作价值观、政治经济形势、产业结构的变动等因素，无疑都会在个人职业选择上留下深深的烙印。不同的社会环境给予个人的职业信息是不同的。宏观上，社会的、经济的、历史的和文化的力量都能够干扰个人有效决策的制订。现阶段，我们面临的是一个知识经济社会，对相关职业信息的搜集，对日新月异的职业环境的了解，都会影响大学生对未来职业世界的观念。

三、 生涯决策的过程理论

（一）认知信息加工过程理论

20 世纪 80 年代初期，以彼得森为首的研究团队认为，一个人如果能够“认知”到生涯选择的内涵，就能够增进其生涯选择的能力。生涯发展与辅导的历程，即学习信息加工能力的历程。透过这种学习使人产生改变：自我知识与职业知识愈见复杂与清晰，统整这些知识层面的认知历程也愈见精细。进一步来说，生涯咨询与辅导的最终目标不在于帮助一个人解决一个生涯的困扰或难题，也不在于帮助一个人在某个时间只做一个选择，而在于帮助一个人发展自己解决生涯问题的能力。

1. 生涯决策的本质

认知信息加工理论对生涯决策的本质进行了深入探讨，其关于生涯决策本质的主要观点如下。

(1)生涯选择基于认知与情意历程的交互作用。认知信息加工强调生涯决定的认知层面，但也接纳这个历程中的情意层面。对生涯目标的最终承诺，是两者交互作用的结果。

(2)生涯选择是一种问题解决的活动。人们能够学着去解决生涯问题，正如学着去解决数学、物理或化学等问题。生涯问题和数理问题的差别在于前者更具复杂性与含糊性，且题解的正确程度具有不确定性。

(3)依赖认知运作也依赖知识。要解决一个人的生涯难题，靠的是对自己和工作世界的知识，同时也得靠自己的认知运作去统合这两类知识。

(4)生涯问题的解决是一件高度复杂的工作。自我知识的范围十分复杂，工作的世界也是如此。若要同时融合处理这两个领域的信息，需要极高负荷的工作记忆库。

(5)动机的引发。成为一个好的生涯问题解决者，主要动机在于希望通过更清楚地了解自己与工作世界，时时做好满意的生涯选择。

(6)生涯发展包括知识结构不断地成长与改变。“自我知识”与“职业知识”包含了许多有组织的记忆结构，称为图式。

(7)生涯认同依赖“自我知识”。在认知信息加工的术语中，生涯认同的定义为“自我知识记忆结构的发展程度”。

(8)生涯成熟需视解决生涯问题的能力而定。在认知信息加工的观念里，生涯成熟被界定为“能够独立而负责地做生涯决定的能力，这个能力是基于智性统整了有关自我与职业世界最佳的信息”。

(9)促进当事人信息加工能力的成长是生涯辅导的主要目标之一。认知信息加工的生涯辅导目标，是提供某种学习的条件，增进记忆结构与认知技能的成长，以利于当事人改进信息加工能力。

(10)生涯辅导的最终目标在于使当事人成为生涯问题解决者，并增进其做决定者的能力。

2. 认知信息加工层面的金字塔

信息加工层面的金字塔，主要有三个层面：最基础的部分是知识层面，中间是决策层面，最上层是执行层面(见图 4.1)。

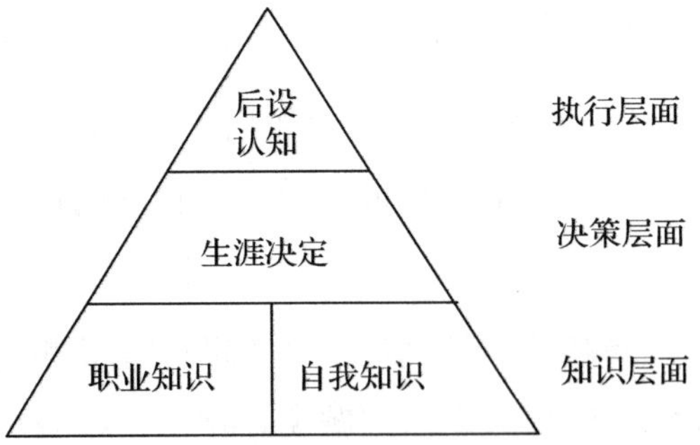

图 4.1　信息加工金字塔模型

(1)知识层面。人类大脑的信息加工功能类似于计算机的运作，我们可以用计算机的运作历程模拟大脑的运作历程。信息加工的知识层面，就可比拟为计算机的数据文件，所不同的是计算机的数据文件储存的是个别独立的数据，而知识在人类的记忆中是以动态的、有结构的图式形式存在的。知识层面包括两大部分：职业知识与自我知识。“职业知识区”储存了与工作世界有关的信息；“自我知识区”储存了有关个人经验、个人兴趣、能力、价值与需求等特质的信息。这些信息以图式的形式储存在长期记忆区中，当需要进行生涯决定时，便从长期记忆中提取。

(2)决策层面。“信息加工层面的金字塔”的中间层是决策层面，类似于计算机的程序软件，用来处理储存在记忆区中的数据。基本的决策能力包括以下五个步骤——沟通、分析、综合、评价与行动，简称CASVE。

①沟通。这是做决定的第一阶段所需具备的能力。俗话说“旁观者清，当局者迷”。在此，沟通的能力是让“当局者清”。通常“问题”之所以会出现，表明理想状态与实际状态中间有了落差。落差越大，所伴随的情绪状态(如焦虑、失望、不满、忧郁等)也越强。解决问题的第一步骤是“与问题沟通”，看清楚问题的真正所在。换句话说，当事人虽不能置身事外，但又必须抽身事外，冷静地觉察落差在哪里才能够进一步分析解决之道。按信息加工论的术语，所谓“沟通”，是指个体“接收”到问题的信息，经过“编码”的过程，传输出“这个落差是个必须解决的问题”的信息。

②分析。中国人解决问题讲究“事缓则圆”，其深一层的含意是少安毋躁，静待情绪过后才能分析事理。在生涯问题的解决过程中，首先，要分析自己对自己了解的程度如何，对于将来的去向(选择科系或选择职业)所了解的程度如何。其次，要分析这两种知识之间的关联，考虑自己的各种特质在哪个生涯方位上才能充分发挥出来。

③综合。“分析”的阶段是用来知己知彼，“综合”的阶段则是用来运筹帷幄。这一阶段运用到的思考能力依序是发散思维与聚合思维。发散思维是大脑在思维时呈现的一种扩散状态的思维模式，对问题从不同的角度进行探索，从不同层面进行分析，从正反两极进行比较，可以产生大量的新思想、新方案。聚合思维又称集中思维，可以将解决问题的思路朝一个方向聚敛，删除不适宜的思想和方案，形成一个确定的答案。经过这两步思考过程，几种能够被当事人接受的方案逐渐水落石出，但仍悬而未决。

④评价。评价的阶段，也是当事人面临价值取舍的冲突阶段，对认知、情绪及行为都会产生冲击。在认知上，内在价值之间会有冲突，外在价值之间会有冲突，内外价值之间也会有冲突；在情绪上，则会有焦虑不安、心浮气躁等现象；在行为上，可能出现犹豫、逃避、退缩等情况。评价是一种抉择，抉择必涉及取舍。“抉择”是“取”和“舍”的辩证统一，一体两面，难以完全分割。所取者固为当事人之所好，所舍者并非当事人之所恶，这是评价过程中的最大困难所在。

就评价过程看，至少包括两个步骤：一是针对各个方案评估利弊得失；二是排列出优先级。前述之苦恼大多发生在第一个步骤，待得失互见，经仔细评比之后，第一方案、第二方案依次排列。通常第一方案最能解决理想状况与现实状况的落差，至此，问题暂时告解。万一第一方案行不通，才考虑动用预备方案。但有的决策者在第一方案受挫时，会回到先前的沟通阶段，重新开始决策历程。

⑤行动。行动阶段是将认知转换为有计划、有策略的行动的阶段。行动之前有目标，目标之后有具体行动步骤，解决理想状况与现实状况的落差。在正常的情况下，当事人有了新的行动方向与指标，割舍了一些曾经执著的价值观念，全力以赴地付诸行动。但是，当事人在这之前会经历一段“下决定的后悔期”。其特征是对所“取”者缺点的评价值会上升，而对其优点的评价值会下降；所“舍”者则相反。经过短暂的天人交战，一种选择是肯定先前决定的正确性，再次重整旗鼓；另一种选择是全盘弃守，重新来过。

(3)执行层面。“信息加工层面的金字塔”的最上层是执行历程，相当于计算机中的工作控制功能，操纵计算机按指令的顺序执行程序文件。在人类的大脑中，执行历程层面也有类似的功能，主宰着对认知策略的选择与排序，称为“后设认知”。后设认知是一种“对认知历程的觉察”，扮演的是一种综合性监督的角色。

（二）“机会—能力—价值”生涯决策模式

关于个体生涯路径的选择，一般需要考虑三个问题，即机会、能力、价值。通常叫作“机会—能力—价值”生涯决策模式。运用这一决策模式进行决策时，可以通过分析和回答以下问题厘清思路。

1. 机会。主要回答“我可以往哪条路线发展”的问题，即通过对当前及未来的组织环境、社会环境、经济环境的分析，确定自己的机会取向。弄清内外部环境是否允许自己走这一条路线，是否有发展的机会。

2. 能力。主要回答“我能往哪条路线发展”的问题，即通过对自己的性格、特长、智能、技能、情商、学识、经历等因素的分析，确定自己的能力取向，弄清自己是否有特长或优势走这一条路。

3. 价值。主要回答“我想往哪一条路线发展”的问题，即通过对自己的兴趣、价值观念、理想、成就动机等因素的分析，确定自己的价值取向，弄清自己的志向在哪一方面，往哪条路走最符合自己的价值追求。

第二节　职业生涯目标的定位与选择

职业生涯目标是指个人在选定的职业领域内未来某个时间点上所要达到的具体目标，包括短期目标、中期目标和长期目标。目标对人生有巨大的导向作用：有了目标，人才会坚定、勤勉、不畏艰险，促使自己努力实践；有了目标，人的生命才能在有限的时空里，最大限度地释放能量。即使要完成一件小事，目标也很重要。就拿在校大学生每天的课堂学习来说，有了清晰的目标，学习效率就会成倍提高；没有目标，只能是被动地“为了上课而上课”，学业就会迟滞不前。

一、 生涯目标的确立与管理

（一）目标确立的“三定”原则

对大学生来说，职业生涯目标的确定是需要持续探索的复杂过程，有时甚至是痛苦的。大学生职业生涯目标的确定，必须遵循以下“三定”原则。

1. 定向原则。大学生职业生涯首先要“定向”，就是要根据自己的职业人格特点和所学专业特长确定未来职业发展的行业领域方向。很多人毕业后，并不能完全按照自己所学的专业来选择工作，有的甚至与专业风马牛不相及，“学非所用”“用非所学”“专业不对口”的情况比比皆是。这是由于上大学之前这些人没有对自己的职业人格特点、感兴趣的专业等进行深入的研究分析，只是盲目地根据家人建议或社会潮流选择了一个与自己的高考分数对应的专业，上大学后才发现自己并不喜欢这个专业，学业成绩一般，毕业后也没有热情从事与之对应的职业。因此，最好在选择专业之前，就认真考虑并确立自己的职业发展目标，选择适合自己的专业。至于未来的就业及职业发展方向，更应该慎重考虑，尽早确立。如果一个人的职业发展方向定错了，就会南辕北辙，距离目标越来越远。

2. 定点原则。所谓“定点”就是根据自己对工作环境的要求，大致确定未来职业发展的地点。比如有些人毕业后选择去北京、上海等经济发达的地方就业发展，有的则选择到西部、到基层、到祖国最需要的地方就业。这都是无可非议的，俗话说“人各有志”。但应当综合多方面因素考虑，最好认真思考比对，做出最适合自己的决定，不可一时冲动、心血来潮、感情用事。

3. 定位原则。择业前要对自己的水平、能力、薪资期望、心理承受度等进行全面分析，做出比较准确的定位。在技术、管理、科研等不同的领域都有不同的职业发展规律，都会给每一个人展现不同的发展道路。比如在未来职业发展路径选择上，是要走技术型的路子、管理型的路子、研究型的路子，还是要走创业型的路子？只有提前做好预设，才能有针对性地加强学习和实践。

（二）慎重确立职业生涯目标

对于那些需要确定自己职业规划目标的人来说，最主要的是应该考虑这种选择是以充分的信息做基础，还是急不可待做出的。如果是匆匆忙忙就选择了不适当的职业生涯目标，又一去不回头，那将带来不利的结果。职业规划专家研究发现，与那些更慎重地选择自己职业生涯目标的管理者相比，那些匆忙选定职业生涯目标的管理者的工作态度差得多，其生活压力也大得多。应该鼓励那些草率型的人重新考虑自己的职业生涯抉择，评价一下自己的选择是否真的与自身才能、兴趣和志向相一致。如果不考虑自己真正的兴趣和能力，就做出职业生涯抉择，未来从业后的发展会受到很大限制，它是使人感到不满意的根源，长此以往，就会出现职业倦怠心理，甚至出现抑郁症等心理障碍。从理想的意义上说，所有的职业规划决策都应该是慎重做出的，即具备了充分的知识和认识才能选择职业生涯目标。

（三）目标确立的基本步骤

科学合理的职业生涯目标，要充分考虑个人的特征，结合组织发展和社会需要对影响职业生涯的各种主客观因素进行分析、总结，确定一个人生发展目标。通常来说，生涯目标的确定要经历两个步骤：首先在正确评价自我和客观环境的基础上选择职业，确定职业发展的路径；其次确定职业发展目标，并把该目标具体描述出来。

（四）目标管理的 SMART 原则

确立职业规划目标的 SMART 原则，是指 Specific(明确的)、Measurable(可衡量的)、Attainable(可行的)、Realistic(切实的)，以及 Time-based(时间限制的)确立目标的五个要素原则。Specific(明确的)，就是要用具体的语言清楚地说明要达到的生涯目标的标准，目标要尽量提得具体。Measurable(可衡量的)，就是指目标应该是可以衡量的，应该有一组明确的数据，作为衡量是否达成规划目标的依据。Attainable(可行的)，是指目标必须是可以达到和实现的，目标定得太高，会打击人的积极性。Realistic(切实的)，指目标在当前环境和现有条件下是可实现的，不顾及这两个方面而定的目标再漂亮，也难以实现。Time-based(时间限制的)，是指实现职业规划目标应当有明确的截止期限，不是走到了人生尽头规划目标还没实现。

（五）生涯目标的分解

职业生涯的实现可以用一系列的阶段来表示。目标分解是根据观念、知识、能力差距，将职业生涯的远大目标分解为有时间规定的长、中、短期分目标，直至将目标分解为某确定日期可以采取的具体步骤。目标分解是将目标清晰化、具体化的过程，是将目标量化成可操作的实施方案的有效手段。

可以采用按时间分解和按性质分解两种途径来分解目标(见图 4.2)。按时间可以将生涯目标分解为人生目标(最终目标)、长期目标、中期目标、短期目标。短期目标是一些具体的、操作层面的、为实现中长期目标而采取的步骤；短期目标要切合实际，有明确具体的完成时间，越具体越具有操作性。中期目标是许多短期目标完成的结果，又为实现长期目标打下基础；中期目标有比较具体的完成时间，也可做适当的调整。长期目标是自己认真选择的、符合自己的价值观的、与自己的未来发展相结合的愿望；长期目标有实现的可能性，又具有挑战性。人生目标是指整个人生的发展目标，时间长至 40 年左右。一般来说，短期目标服从于中期目标，中期目标服从于长期目标，长期目标又服从于人生目标。具体实施目标，通常是从具体的、短期的目标开始的。

按性质可以将职业生涯目标分解为外职业生涯目标和内职业生涯目标。外职业生涯目标包括工作内容目标、职务目标、工作环境目标、经济目标、工作地点目标等；内职业生涯目标则侧重于在职业生涯过程中的知识经验积累、观念更新、能力提高以及内心的感受等。

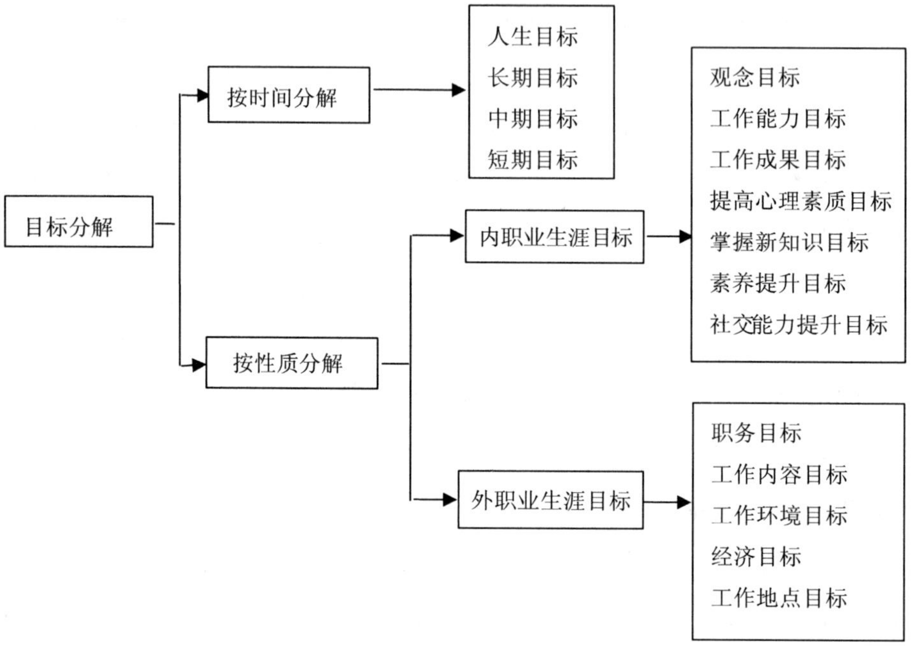

图 4.2　生涯目标分解示意图

（六）生涯目标的组合

目标的组合是处理不同目标组合相互之间关系的有效措施。目标的组合有三种方法：时间组合、功能组合和全方位组合。

1. 时间组合。职业生涯目标在时间上的组合可以分为并进和连续两种情况。职业生涯目标的并进是指同时着手实现两个平行的工作目标，或者建立和实现与目前工作内容不相关的职业生涯目标。有时，外部环境给予我们的机会很多，这让我们面临着多个选择，只要处理得好，又有足够的精力和能力来应对，在一定的范围内，是可以做到鱼与熊掌兼得的。这里所说的“同时着手实现两个平行的工作目标”指的是在同一时期内进行的不同性质的工作。如上大学时进行课程学习的同时参加社会实践、教师在教书的同时从事科研等就是目标的并进，它是指同时实现两个或两个以上的目标。职业生涯目标的连续是以时间坐标为节点，将多个目标前后连接起来，实现一个目标再进行下一个。一般来说，较短期目标是实现较长期目标的支持条件。

目标的期限性也是相对的：随着时间的推移，长期目标成为中期目标，中期目标成为短期目标，短期目标成为近期目标。只有完成好每一个近期目标和短期目标，最终目标才有可能实现。

2. 功能组合。很多职业生涯目标在功能上存在因果关系或互补作用。有些目标之间存在着明显的因果关系，一般因果排序为：观念更新目标—掌握新知识目标—提高工作能力目标—职务晋升目标—经济收入提高目标。职业生涯目标的互补关系是显而易见的，比如很多高校教师往往同时肩负教学和科研两项任务，教学为进行科研提供了理论基础和方法指导，科研实践又促进了教学内容的丰富更新和质量的提高。

3. 全方位组合。全方位组合是指个人的职业生涯目标与家庭生活、个人其他事务均衡发展，相互促进，它涵盖了人生的全部活动。

二、 大学生生涯目标分析

（一）顺利就业是在校大学生的主要目标

除了一流研究型大学的本科生毕业后有很多选择继续读研或出国深造的外，一般院校的本科生、专科生毕业后绝大多数还是直接进入社会参加工作。在近 20 年的经济高速增长中，中国的职业结构已经发生了巨大变化，但中国大学毕业生的就业观念仍很陈旧。比如，绝大多数大学毕业生都以留在大城市，进入国家机关、国有企业、外资企业和各种大型机构为第一就业选择，只有很少一部分选择去私营企业。如果无法留在发达城市就业，很多毕业生选择回到生源地参加当地政府组织的就业考试，很少选择去贫困落后地区、边疆地区就业。因此，打破传统求职观念，开创求职新思路，是顺利就业的关键。眼光不能过高或过低，目标要切实可行。有的大学生觉得以后给别人打工不如自己当老板，对自己和社会环境过于自信，目标脱离实际；有的大学生认为自己条件不错，找份公务员的工作不成问题；还有的大学生，认为就业形势严峻，研究生尚且找不到工作，本科生、专科生有份工作就不错了，对自己自暴自弃，完全没有目标。大学生要客观看待周围和自身条件，树立切实可行的就业目标。随着高等教育大众化的到来，高端岗位的就业压力也随之增大，大学生必须多方面提高自己的竞争能力。每一个大学生都要根据自身的条件和优势，找到适合自己的“充电”方式，再利用这个优势在市场竞争中找到适合自己的位置。

（二）升本考研或出国深造是在校大学生的重要目标

继续求学深造有提升自身竞争力、发展自己能力的需要，也有回避缓解就业压力的需要。客观地说，中国当前的就业竞争很激烈，一定程度上出现了学历贬值的现象：好的公司待遇可以是普通公司的 5～10 倍，这些公司每年申请者众多，可以从申请者中百里挑一，根本不可能面试每一个申请者，学历变相地变成企业的一种筛选门槛。因此选择毕业后继续求学深造，既有自我完善的内驱力因素，又有就业市场的压力传导因素。今天，越来越多的大学毕业生选择升本考研或出国深造。

（三）自主创业成为当代大学生生涯发展的新目标

20 世纪 90 年代末，全球性的学生创业浪潮开始波及中国，成千上万的高校学生投身其中，一时间，创业成为大学生成才的新途径。同时由于就业压力，一些人必然要面对找不到工作，或是短时间内找不到合适的工作的情况。在这种情况下，创业便是一条突破就业困境的途径。

当然，大学生自主创业也存在一定困难。首先是知识限制：许多创业者对目标市场和竞争对手缺乏了解，反映出大学生创业知识的缺乏。其次是缺乏经验和创新能力：大学生在创业过程中除了能纸上谈兵之外，对具体的市场开拓缺乏经验与相关知识，并且一般从事低端行业，忽视技术创新。最后，资金的募集和使用问题表现在急于得到资金、给小钱让大股份、贱卖技术或创意。另外，对风险投资不负责任地使用、烧别人的钱圆自己的梦也是创业者常犯的错误。因此加强大学生创业课程和指导是非常关键也是必需的。

第三节　生涯决策方法

运用科学的方法进行决策和规划，是提高计划可行性的保障。对于正处于职业生涯探索阶段的在校大学生来说，运用科学的方法进行决策分析是非常必要的。很多大学生说自己经常做计划，但就是无法按计划执行。究其原因，主要是因为他们所做出的计划不适合自己，没有可行性。“SWOT”分析法和生涯平衡单分析法是大学生职业生涯决策中常用的方法。

一、SWOT分析法

SWOT分析法又称为态势分析法，是将与分析对象密切相关的各种主要内部优势、劣势，外部机会和威胁等，通过调查分析列举出来，并依照矩阵形式排列，然后用系统分析的思想，把各种因素相互匹配起来加以研究，从中得出一系列相应的结论，而结论通常带有一定的决策性。SWOT的四个英文字母分别代表：优势(Strength)、劣势(Weakness)、机会(Opportunity)、威胁(Threat)。

S代表Strength(优势)：要清晰地知道自己的优势是什么；W代表Weakness(劣势)：劣势是自己的短处，更要清晰地知道；O代表Opportunity(机会)：机会分析是关键因素；T代表Threat(威胁)：威胁指现实中的各种挑战与困难。一般来说，在运用SWOT分析法进行生涯决策分析时，应遵循以下四个步骤。

（一）优势和劣势分析

1. 优势分析

在自己的职业生涯设计中，如果你能根据自身的长处选择职业并“顺势而为”地将自己的优势发挥得淋漓尽致，就会事半功倍，如鱼得水；如果你像让兔子学游泳那样选择了与自身爱好、兴趣、特长“背道而驰”的职业，那么，即使以后加倍弥补，耗费了九牛二虎之力，也是事倍功半，难以补拙。职业生涯设计的前提是知道自身优势是什么，并将自己的生活、工作和事业发展都建立在这个优势之上。具体来说，至少要清楚地回答以下三个问题。

(1)你学了什么？在几年的学习生活中，你从学校开设的课程中学到了什么有价值的东西？从各种社会实践活动中提高和升华了你哪方面的知识和能力？

(2)你曾经做过什么？在校期间担当过哪种学生职务？参加过什么社会实践活动？工作经验的积累程度如何？要提高自己经历的丰富性和突出性，你应该有针对性地选择与职业目标相一致的工作项目，坚持不懈地努力工作，这样才会使自己的经历有说服力。

(3)最成功的是什么？描述你做过的事情中最成功的事项并分析成功的路径和原因。通过分析，可以发现自己的长处，譬如坚强的意志、创新精神等，以此作为个人深层次挖掘的动力之源和魅力闪光点，形成职业生涯设计的有力支撑。

2. 劣势分析

在分析优势的同时，要指出自己的劣势和你最不喜欢做的事情。不知道自己的劣势在哪里，就会盲目高兴，会觉得天生能做好许多事情，从而沉浸在自我优势的圈子里，像井底之蛙，不知天到底有多大。找到自己的短处，可以努力去改正自己常犯的错误，提高自己的技能，放弃那些对不擅长的技能要求很高的职业。进行劣势分析至少要回答以下三个问题。

(1)性格的弱点是什么？人天生都有弱点，这是我们与生俱来且无法避免的。坐下来，跟别人好好聊聊，看看别人眼中的你是什么样子的，与你的自我看法是否一样，指出其中的偏差并借鉴，这将有助于自我提高。

(2)经验或经历中所欠缺的方面是什么？欠缺并不可怕，可怕的是自己还没有认识到或认识到了而一味地不懂装懂。正确的态度是，认真对待，善于发现，努力克服和提高。

(3)最失败的是什么？你做过的事情中最失败的是什么？如何失败的？通过分析来避免在以后的职业中再次失败，防止在跌倒的地方再次跌倒。

（二）职业发展机遇和威胁分析

1. 机遇分析

环境为每个人提供了活动的空间、发展的条件和成功的机遇。特别是近年来，社会的快速变化、科技的高速发展、市场的激烈竞争对个人的发展产生了很大的影响。在这种情况下，个人如果能很好地利用外部环境，就会有助于个人发展的成功。在每个人的职业发展道路上都存在着各种各样的机遇。有人说，在机会面前有五种人：第一种人创造机会，第二种人寻找机会，第三种人等待机会，第四种人错过机会，第五种人漠视机会。我们如果做不了第一种人，至少也要主动去寻找机会、发现机会。如果我们不善于创造机会，那我们一定要善于抓住身边的机会，不可坐等机会之窗关闭。

2. 挑战(威胁)分析

除了机遇，在这个社会中，我们也会面对各种各样的挑战和威胁。这是我们无法控制的外部因素，但是我们却可以弱化或减轻它的影响。职业环境中的挑战或威胁因素包括所学专业过时或不符合社会的需要、来自高学历者的竞争、具有更多的实践经验者的竞争、用人单位话语权更大等。对于这些挑战，怨天尤人、自怨自艾都是不可取的。我们既不能夸大挑战，也不能漠视威胁，更不能采取一味地回避的态度。假如我们不能让社会适应自己，就只能改变自己，提高自己去适应社会的能力，通过努力把挑战转化为一种内在的动力。这样，我们才能避免不利的影响，在困境中脱颖而出，寻求发展和成功。

（三）提纲式地列出今后的职业目标

仔细地对自己做一个“SWOT 分析”评估，列出从学校毕业后最想实现的 4～5 个职业目标。这些目标可以包括你想从事哪一种职业，你将管理多少人，或者你希望自己拿到的薪水属哪一级别。请时刻记住，你必须竭尽所能地发挥出自己的优势，使之与行业提供的工作机会完满匹配，并充分利用环境中的各种机会和有利因素，促进职业目标的实现。

二、 生涯平衡单分析法

詹尼斯和曼恩(Janis & Mann)于 1977 年提出的生涯决策平衡单将重大决策的思考方向集中在四个主题上：个人物质方面的得失，他人物质方面的得失，个人精神方面的得失，他人精神方面的得失。生涯决策平衡单的作用在于协助个人具体分析每一个可能选择方案之利弊得失，排定优先顺序，择一而行。目前该方法在国内生涯决策过程中被广泛运用。

生涯决策平衡单分析法的操作主要有五个步骤。

步骤一：确定你的职业决策考虑因素，如政府机构就业、私企就业、求学深造和自主创业四个方案。

步骤二：把四个方案填入平衡单的选择项目中。

步骤三：在第一栏职业决策考虑要素中，根据对你而言职业选择的重要性和迫切性，赋予它权数，加权范围 1～5 倍(5 表示“非常重要”，3 表示“一般”，1 表示“最不重要”)，填写权数一栏。权数越大说明你越重视该要素。

步骤四：打分。根据每个方案中的要素进行打分，优势为得分，缺点为减分，计分范围为－5～5。5 表示“该因素在生涯选择中得到了完全的满足”，0 表示“不知道或者无法确定”，－5 表示“该因素在生涯选择中完全未得到满足”。

步骤五：计算方法。将每一项的得分和失分乘以权数，得到加权后的得分或失分，分别计算出总和，最后加权后的得分总和减去加权后的失分总和得出“得失差数”，并以此分数来做出最后的决定，即比较四个选择方案的得失差数，得分越大，该职业方案越适合你。

知识链接

生涯平衡单分析(样表)

选择项目		重要性的权数(1～5倍)	生涯选择一( )		生涯选择二( )		生涯选择三( )		生涯选择四( )	
加权分数 / 考虑因素			+	−	+	−	+	−	+	−
个人物质方面得失	1. 收入									
	2. 工作的难易程度									
	3. 升迁的机会									
	4. 工作环境的安全									
	5. 休闲时间									
	6. 生活变化									
	7. 对健康的影响									
	8. 就业机会									
	其他……									
他人物质方面得失	1. 家庭经济									
	2. 家庭地位									
	3. 与家人相处时间									
	其他……									
个人精神方面得失	1. 生活方式的改变									
	2. 成就感									
	3. 自我实现的程度									
	4. 兴趣的满足									
	5. 挑战性									
	6. 社会声望的提高									
	其他……									
他人精神方面得失	1. 父母支持									
	2. 师长支持									
	3. 男(女)朋友支持									
	其他……									

续表

选择项目 / 加权分数 / 考虑因素	重要性的权数（1～5倍）	生涯选择一（　　）		生涯选择二（　　）		生涯选择三（　　）		生涯选择四（　　）	
		+	−	+	−	+	−	+	−
加权后合计									
分析：									
填表人：						日期：			

本章知识摘要

1. 决策风格类型：理智型、直觉型、依赖型、回避型和自发型。

2. 影响生涯决策的主要因素：个人因素，家庭及成长环境因素，社会环境因素。

3. 认知信息加工层面的金字塔：最基础的部分是知识层面，中间是决策层面，最上层是执行层面。

4. 信息加工层面的金字塔的决定步骤：沟通、分析、综合、评价与执行，简称CASVE。

5. 目标管理的SMART原则：指Specific（明确的）、Measurable（可衡量的）、Attainable（可行的）、Realistic（切实的），以及Time-based（时间限制的）确立目标的五个要素原则。

6. SWOT分析法：又称为态势分析法，就是将与分析对象密切相关的各种主要内部优势、劣势，外部机会和威胁等，通过调查分析列举出来，并依照矩阵形式排列，然后用系统分析的思想，把各种因素相互匹配起来加以研究，从中得出一系列相应的结论。

7. 生涯决策平衡单：将重大决策的思考方向集中在四个主题上，即个人物质方面的得失、他人物质方面的得失、个人精神方面的得失、他人精神方面的得失，通过量化考察每一个可能选择方案之利弊得失，进而排定优先顺序，择一而行的方法。

课后活动

用SWOT进行职业决策

1. 案例

小陈是农业大学农学专业的本科毕业生，专业成绩优秀，多次获得奖学金，发表论文若干，且一直担任学生干部。但他性格比较急躁，容易和别人发生冲突。大学期间，曾在广州一家报社实习半年。现在他想谋求一份编辑的工作。

2. 请以此为案例，3～5人为一个小组，运用所学SWOT分析法，为小陈进行个人职业生涯决策分析提供参考和帮助。

拓展阅读

阿诺德·施瓦辛格的奋斗人生

阿诺德·施瓦辛格，1947年7月30日生于奥地利，是美国好莱坞男演员、健美运动员、前美国加州州长、政治家。

施瓦辛格幼时练习健美，1967年20岁时获得了环球健美及奥林匹克先生头衔。1968年，到美国发展后，在大学修习工商管理，并开班授课、拍摄健美录像带。1970年进入影视圈，1984年拍摄的《终结者》塑造了阿诺冷酷的银幕形象，之后接连拍摄多部动作片。2003年竞选加州州长获得成功，跨入政坛。2011年1月3日卸任，任期达7年。卸任后的施瓦辛格重返大银幕，继续接拍电影。2015年1月30日，曝光了施瓦辛格在《终结者：创世纪》中饰演苍老版终结者T-800的造型。他参演的电影"终结者"重启系列在2019年11月22日上映。

阿诺德·施瓦辛格是20世纪八九十年代动作电影的代言人，他承载着"更硬、更快、更强"的医学广告原则，高举着巨型机枪，出现在最恰当和最危急的时刻。施瓦辛格7年从政生涯中最大的政绩是通过法律收紧加州温室气体排放，他还签署了一系列环境法规，提出了数项大胆的计划，包括建立占地1000万公顷的内华达山脉保护区，以及规模宏大的海洋公园等。施瓦辛格在一定程度上已经成为美国大众文化的代表，在许多人眼里他就是强者和力量的化身，是美国人的精神偶像，就像好莱坞公关大师布拉格曼所说的："人们仍很喜爱阿诺，他能选择他想要的东西，他不需要再证明什么，世界上所有的金钱和选择都任他选择。"

CHAPTER 5

第五章
职业生涯规划方案与实践

CHAPTER 5

学习目标

1. 掌握职业生涯规划方案制订的基本步骤，能为自己量身制订职业生涯规划方案；
2. 熟悉职业生涯规划方案的修正和评估方法，具备评估和修正职业生涯规划方案的能力；
3. 能够主动参加各类实践实习活动，提高自身职业能力。

案例

三个动物的三年

三只不同的动物被关进了笼子，天使对它们说，我可以满足你们每个人一个愿望。贪吃的猴子说：“我要很多很多的核桃。”浪漫的熊猫说：“我要一个美丽的雌熊猫。”勤奋的鸽子说：“给我一叠信纸和一支笔吧。”

三年后，它们被动物保护协会放出来了。第一个冲出来的是猴子，它抱着一大堆核桃，大喊大叫着：“给我砸开，给我砸开！”因为猴子忘了要榔头。第二个出来的是熊猫，后面还跟着一个小熊猫。最后出来的是鸽子，它激动地握住动物保护协会人的手说："这三年来我一直和外界保持着联系，我的鸽米生意不但没有停顿，而且还增长了200％。"

分析：

这个寓言给我们的启示是选择决定未来，什么样的选择就会带来什么样的工作成果。你今天的状况是你昨天选择的结果，你未来的状况取决于你现在所做的选择。所以，无论过去、现在在我们身上发生了什么样的事情，你都不要抱怨，因为这曾是你自己所做出的选择。你要想30岁可以事业有成，那你现在就要去规划自己的大学生活怎么过，未来走向哪里。未来怎么样，就看你怎么选择了。

第一节　职业生涯规划方案的制订

凡事预则立，不预则废。职业生涯规划方案对大学生而言，就是在自我认知的基础上，根据自己的专业特长和知识结构，结合社会环境与市场环境，对将来从事的职业以及要达到的职业目标所做的方向性的方案。

根据舒伯的职业生涯发展理论，大学生处于职业生涯的探索阶段，且正好跨越了该阶段的过渡期(18～22岁)和试验承诺期(22～24岁)两个时期。在这两个时期，大学生的个体能力迅速提高，职业兴趣趋于稳定，逐步形成了对未来职业生涯的预期。而完成了职业学习和职业准备，大学生毕业后则会初次走上就业岗位，正式开始职业生涯。故此，在试验承诺期内，许多大学生往往需要就自己的未来职业生涯做出关键性的决策。所以，大学期间是制订职业生涯规划方案的黄金阶段，职业生涯规划方案的制订应该从大学生入学就开始培养、引导和训练，以便为学生未来职业发展打下坚实的基础。

一、职业生涯规划方案制订的基本步骤

大学生职业生涯规划制订的基本步骤包括自我评估、外部环境分析、目标确立、策略实施、反馈修正五个环节。

（一）自我评估

自我评估是职业生涯规划的基础，也是能否获得可行规划方案的前提。只有深刻地认识自我和了解自我，才能对自己未来的职业生涯做出准确的把握和合理的规划。没有建立在自我评估基础上的职业生涯规划，既不现实，也缺乏可操作性，很容易中途夭折。

自我评估的主要内容是与个人相关的所有因素，包括兴趣、个性、能力、特长、身体状况、学识水平、思维方式、价值观、情商以及潜能等，尤其要弄清楚自己是谁、想要什么、能做什么。值得注意的是，自我评估中还应当借鉴周围不同人物角色的建议，这样才能得到比较客观、中肯的评估结论。

（二）外部环境分析

环境因素对个人职业生涯发展有极大的影响，作为社会生活中的一个个体，只有顺应外部环境的需要，才能最大限度地发挥个人的优势，实现职业生涯的目标。如果缺乏对外部环境的了解和分析，个人职业生涯规划便只能流于空谈，成为水月镜花。

外部环境分析的主要内容包括对社会政治环境、经济环境和组织(企业)环境的分析，即评估和分析环境条件的特点、发展与需求变化趋势，自己与环境的关系以及环境对自己的有利条件与不利因素等。

对大学生来说，环境主要是市场与用人单位等因素。

（三）目标确立

制订个人职业生涯规划方案的最终目的就是实现自己的职业目标，因此，目标抉择是职业生涯规划方案的核心。职业生涯规划方案中所确立的目标，应该是可预想到的、有一定实现可能的目标，包括终极目标、长期目标、中期目标和短期目标。

目标确立的方法通常是先结合自身条件和现实环境选择终极目标和长期目标，然后通过目标分解，分解符合阶段目标要求的中期目标、短期目标。

大学生职业生涯规划以近期目标为重点。近期目标包括职业目标，也包括具体的目标。职业目标包括你将做什么职业、成为什么样的角色等。具体的目标主要涉及自身素质的提高，如学习成绩、英语水平、计算机水平、专业技能证书、社会实践和实习计划等。

（四）策略实施

行动计划由长期和短期两部分组成，长期计划的实现有众多不确定的因素，因此大学生要根据自身实际情况和社会发展趋势，不断地设定新的可操作的短期目标。比如大学一年级时应该怎么做，力求实现怎样的短期目标；二年级又该执行什么方案，本年级结束时需要达到怎样的预期效果；毕业当年有什么具体举措，如何向自己的初次就业目标靠拢等。

策略实施的内容包括职业生涯发展线路设计、教育培训安排、实践计划等。

（五）反馈修正（评估与调整机制）

为使职业生涯规划行之有效，需要结合实际情况不断对职业生涯规划的内容进行评估与修正。对大学生来说，反馈修正的主要内容包括职业方向的重新选择、各阶段目标的修正、实施措施与计划的变更等。

二、 职业生涯规划的主要内容

（一）职业生涯规划的主要组成部分

职业生涯规划是对个人职业发展道路进行选择和设计的过程，规划的内容和结果应该在规划过程中及规划后形成文字性的方案，以便理顺规划的思路，提供操作指引，随时评估与修正。一个完整有效的职业生涯规划文案应该包括以下八项内容。

1. 标题

包括姓名、规划年限、年龄跨度、起止时间。规划年限不分长短，可以是半年、三年、五年，甚至是二十年，视个人的具体情况而定。

2. 目标确定

确定职业方向、阶段目标和总体目标。职业方向即从业方向，是对职业的选择；阶段目标是职业规划中每个时间段的目标；总体目标即当前可预见的最长远目标，也是在特定规划中的终极目标。在确定总体目标时，如果能适当地看得远些、定得高点，则有助于最大限度地激发规划者的潜能。

3. 个人分析结果

包括对自己目前的状况分析和自己将来的基本展望，同时也包括对自己职业生涯有一定影响的角色建议。

4. 社会环境分析结果

指对政治、经济、文化、法律和职业环境等社会外部环境的分析。

5. 组织(企业)分析结果

主要是对职业、行业与用人单位的分析，包括对用人单位制度、背景、文化、产品或服务、发展领域等的分析。

6. 目标分解与目标组合

通过目标分解和目标组合的方法做出果断明确的目标选择。目标分解是根据观念、知识、能力、心理素质等方面的差距，将职业生涯中的远大目标分解为有一定时间规定的阶段性分目标；目标组合是将若干阶段性目标按照内在的相互关系组合起来，达成更为有利的可操作目标。

7. 实施方案

首先找出自身观念、知识、能力、心理素质等方面与实现目标要求之间的差距，然后制订具体方案逐步缩小差距以实现各阶段目标。

8. 评估标准

设定衡量此规划是否成功的标准，如果在实施过程中无法达成预设的目标或要求，应当如何修正和调整。

需要注意的是，文案内容的顺序与规划的步骤不是完全一致的。职业生涯规划首先是要进行自我评估，其次是进行外部环境分析，最后才是职业目标的建立；而文案内容的顺序是先写出职业方向和总体目标，然后再写出自我分析和外部环境分析的结果。其实，这并不矛盾。因为文案的形成是建立在按正常步骤进行规划的基础之上的，将职业方向与目标提前，是为了阅读上的方便，突出核心主题——规划的目标，并有利于与实施方案进行对照、检查和修订。

前面我们介绍了职业生涯规划文案应该包括的八项内容，大学生的职业生涯规划也应该根据这些要求，按标题、目标确立、个人分析结果、社会环境分析结果、组织分析结果、目标分解与目标组合、实施方案、评估修正的大致顺序，依次写下职业生涯规划的具体内容。

范例

大学生职业生涯规划方案

【姓名】李涛

【规划年限】三年

【年龄跨度】18～21岁

【阶段目标】顺利毕业；成为一个有一定经验的市场营销人员(职业方向)

【总体目标】成为一家大公司的总裁

【个人分析】自己是属于那种很外向的人，善于沟通，曾经有过兼职推销人员经历并取得相当不错的成绩。而且，自己所学的专业也是市场营销专业，这也正是自己的兴趣所在。

【社会环境分析】中国现在是一个政治稳定，经济、文化高速发展的国家，并且这种状况也将持续相当长的一段时间。这种情况为每一个人都提供了一个好的发展基础。随着市场经济的发展，市场在经济活动中的作用将越来越大。

【职业分析】社会的发展将会对市场营销的职业产生重要影响：对市场营销的依赖性将越来越大；而且，社会对市场营销的需求将越来越大。个人选择的行业还没有最后确定，但比较感兴趣的是制药、保险和食品行业。这些都是社会所不可缺少的行业，而且随着社会的发展，这些行业的发展空间也会相当大。

【目标分解与目标组合】

(1)目标分解：目标可分解成两个大的目标——一个是顺利毕业，一个是成为一个有一定经验的市场营销人员。

对于第一个目标，又可分解为把专业课学好和把选修课学好，以便修完足够的学分，顺利毕业。接下来，还可以细分：在专业课程中，如何学好每一门课程；在选修课程中，需要选择哪些课程，如何学好……

对于第二个目标，又可分解为接触市场阶段、了解市场阶段、熟悉市场阶段。接下来，还可以细分：在接触市场阶段，要采取什么办法，和哪些公司保持联系……

(2)目标组合：顺利毕业的前提是学好专业课程，而专业课程的学习则对职业目标(成为一个有一定经验的市场营销人员)有促进作用。

【具体实施方案】

要成为一个有一定经验的市场营销人员，需要缩小自己和有一定经验的市场营销人员的差距。这些差距包括以下四个方面。

(1)思想观念上的差异。刚从事销售的人一般会认为销售只是卖出商品，但有一定经验的人则会认为销售是“卖出自己”——客户只有相信销售者，才可能购买商品。为了缩小这种差距，需要向有经验的人员请教，并在实践中去体会这一点。

(2)知识上和实践差距。书本知识的欠缺只是一个方面，更重要的应当是实践的差距。为了缩小这种差距，需要在学习书本知识的同时，多参与真正的市场销售，在实践中体会书本知识。

(3)心理素质的差距。市场销售需要百折不挠的精神，而作为一个被人称为“天之骄子”的大学生，缺少的可能恰恰是这一点，往往遇到些许挫折和失败就会退缩。这种差距需要在实践中逐步消除。

(4)能力的差距。这一点可能是最重要的。为了缩小这种差距，除了在实践中逐步学习之外，还要和七八名销售高手保持密切的联系，以便随时请教和学习。

【检查和反馈】在向高手请教的过程中，发现自己需要学习的书本知识很不够，特别是外语方面能力需要提高，否则，就无法适应现在的销售要求。所以，决定加强英语的学习，准备报一个英语的口语班，每周上一次课，同时参加学校的英语角，切实提高英语水平。

在销售过程中还发现，销售中很多工作仅属事务性的活动，没有太多的智力成分，所以决定以后减少参加类似活动的次数，把精力用在那些对自己有锻炼意义的事情上。

（二）职业生涯规划书的撰写

方法/步骤 1：封面

首先要在封面上写清楚自己的个人信息，大学生职业规划这几个字可以是竖着的。然后写上自己所在院系、专业、学号等信息。封面后面可以增加扉页。

方法/步骤 2：目录

目录要详细，最好是 Word 自己生成的。

方法/步骤 3：自我分析

自我分析其实就是对自己的全面总结与优劣分析，知道自己喜欢做什么，优势、劣势都是什么，以及自己的实践实习经历等。

方法/步骤 4：职业环境分析

职业环境分析要与自己的职业愿景相联系。首先清楚自己要的是什么，自己想做什么，都会受到哪些因素的影响。避免自己对目标职业的入门门槛、工作环境等什么都不知道，就直接去面试或者从事这个职业了。

方法/步骤 5：职业定位

职业定位就是运用 SWOT 分析法、生涯决策平衡单分析法等，把自己的优劣和价值取向客观分析一遍。如果自己对自己不了解，也可以通过一些比较专业的量表来测评，比如霍兰德职业测评等。

方法/步骤 6：计划实施

就是让你知道自己在什么时候该做什么事情，怎么去做。计划实施尽可能写详细些。

方法/步骤 7：评估调整

计划实施的过程中，避免不了一些问题，可能是因为之前自己想得简单了，抑或者职业定位不太准确，需要调整。这就需要一个评估与修正的环节，强调要根据实际去做，而不是不切合实际地按规划方案执行。

方法/步骤 8：结束语

最后是结束语，简单表达生活感言或感谢。

三、 职业生涯规划的实施策略

大学的学制一般为 3～5 年，在每一学年中，大学生的学习重点与心理特征都有所不同。根据这一自然的年限划分，大学生可以按学年为阶段设置阶段目标，进行自己的职业生涯规划，并按照每个阶段的不同目标和自身成长特点，制订一些有针对性的实施方案。下面以四年制本科和三年制专科的大学生职业生涯规划方案为例，说明不同学段的实施策略。

（一）大学一年级：探索期

【阶段目标】职业生涯认知和规划

【实施方案】首先，要适应由高中生到大学生的角色转变，重新确定自己的学习目标和要求。其次，要开始接触职业和职业生涯的概念，特别要了解自己未来所希望从事的职业或与自己所学专业对口的职业，进行初步的职业生涯设计；熟悉环境，建立新的人际关系，提高交际沟通能力，在职业认识方面可以向高年级学生尤其要向已毕业学长询问就业情况；积极参加各种各样的社团活动，增加交流技巧；在学习方面，要巩固夯实专业基础知识，加强英语、计算机能力的培养，掌握现代职业者所应具备的最基本技能；如果有必要，为可能的转系、获得双学位、留学计划做好资料收集及课程准备，为将来的升学或就业选择打下良好的基础。

（二）大学二、三年级（或专科二年级）：定向期

【阶段目标】初步确定毕业方向以及相应能力与素质的培养，为择业做好准备

【实施方案】认识自己的需要和兴趣，确定自己的价值观、动机和抱负。考虑未来的毕业方向(深造或就业等)，了解相关的活动，并以提高自身的基本素质为目标；通过参加学生会或社团组织，培养和锻炼自己的领导组织能力、团体协作精神，同时检验自己的知识技能；可以开始尝试兼职、社会实践活动，最好能在课余时间长期从事与自己未来职业或本专业有关的工作，提高自己的责任感、主动性和受挫能力，并从不断的总结分析中得到职业经验；增强英语口语和计算机应用的能力，有选择地辅修其他专业的知识以充实自己。

加强专业知识学习的同时，考取与目标职业有关的职业资格证书或通过相应的职业技能鉴定。因为临近毕业，所以目标应锁定在提高求职技能、收集公司信息上。参加与专业有关的暑期工作，和同学交流求职工作心得体会，学习写简历、求职信等求职技巧，了解收集就业信息的渠道，如果有机会要积极尝试；加入校友网络，向已毕业的校友了解往年的求职情况；如果决定专升本或考研，也要做好复习准备。

（三）大学四年级（或专科三年级）：冲刺期

【阶段目标】成功就业

【实施方案】这个阶段大学生的毕业方向已经确定，大部分学生的目标应该锁定在工作申请及成功就业上。这时，可先对前几年的准备做一个总结：首先，检验自己已确定的职业目标是否明确，前几年的准备是否充分；其次，开始毕业后工作的申请，积极参加招聘活动，在实践中检验自己的知识积累和经验准备；最后，进行预习或模拟面试。积极利用学校提供的条件，了解用人单位资料信息，强化求职技巧，进行模拟面试等训练，尽可能地在做好较为充分的准备的情况下进行实战演练。在撰写毕业论文时，可大胆提出自己的见解，锻炼自己独立解决问题的能力和创造性。另外，要重视实习机会，通过实习从宏观上了解单位的工作方式、运转模式、工作流程，从微观上明确个人在岗位上的职责要求及规范，为正式走上工作岗位奠定良好基础。

第二节　职业生涯规划方案的评估和修正

一、职业生涯规划方案评估与修正的目的

通过职业生涯规划方案的评估与修正，应该达到下列目的。

1. 对自己的强项充满自信。

2. 对自己的发展机会有一个清楚的了解。

3. 找出关键的有待改进之处。

4. 为这些有待改进之处制订详细的行动提升计划。

5. 以合适的方式答复那些给予反馈的人，并表示感谢。

6. 实施行动计划，确保能够取得显著的进步和商业成就。

二、职业生涯规划方案的评估

职业生涯发展目标和执行结果出现差距的原因主要有以下三个方面：一是目标定得过高或过低；二是目标合适而行动方案与之不匹配；三是目标和行动方案都合适，但执行不力。

职业生涯评估的要点主要有以下四个方面：一是抓住最重要的内容；二是分离出最新的需求；三是找到突破方向；四是关注最弱点，扬长避短。

三、职业生涯规划方案的修正内容

职业生涯规划方案修正的内容包括以下几个方面。

1. 职业的重新选择。

2. 职业生涯路线的选择。

3. 阶段目标的修正。

4. 人生目标的修正。

5. 实施措施与计划的变更等。

第三节 实践实习与能力提升

当代大学生在实践实习期间如何提高自身的职业素质和能力呢？作为一名大学生，我们不仅要把自己的学习搞好，同时也要学会做人，学会做事。在实习的过程中，我们想要把事情做好，靠的不仅仅是自己的知识和蛮力，更重要的是要有更高的职业素质和能力，只有这样我们才能更好地与人交流相处，做好自己的本职工作。“爱人者，人恒爱之；敬人者，人恒敬之。”我们在不断完善自己的同时，不仅提高了自身的素质和能力，而且也会使我们更受大家的欢迎，对社会更加有益。

一、 职业素质和能力培养的意义

（一）有利于加强自我认知，树立正确的择业观

对大学生进行职业生涯规划指导，帮助他们进行正确的自我认知，让他们能够正确认识自身的特性和潜在优势，能对自己的价值进行全面的定位，从而避免在择业过程中出现高不成低不就、眼高手低等现象。

（二）有利于提高创新能力，增强就业竞争力

传统的教育比较呆板，我们大多数人在理论方面掌握了较多的知识，却不懂得如何去把这些理论知识应用到实际中去。提高我们的自身素质和能力，有利于充分发挥自我潜能，培养我们的创新思维、创新意识，锻炼我们的自主创业能力，从而增强我们的社会竞争力。

（三）有利于树立正确的职业观，增强学习效能

加强对大学生职业能力的培养，可以使大学生树立正确的职业观、择业观，根据社会及企业需求，更加客观、科学地设计自己的职业生涯，合理安排在校期间的学习时间、学习资源，增强学习效能，实现人与职业的最佳匹配，有效缩短适应社会的时间，实现大学生由择业、就业逐步发展到事业的终身可持续发展。

二、 积极参加实践实习活动

在校大学生在实践实习期间应该从以下四个方面做起，提高自身的职业素质和能力。

（一）诚实正直

自古至今诚实正直都是我们非常看重的品质，一个人的人品如何直接决定了这个人对社会的价值。现在每个用人单位都非常强调诚信，他们只聘请那些最优秀、最值得信赖的人。如果一个应聘者不够诚实，或不讲职业道德，那么，即使他在技术水平上表现得再优秀，用人单位也会毫不犹豫地拒绝他。

（二）积极主动

在我们中国的教育背景下，好多同学在知识方面比较渊博，但是在与人交流的时候，却显得不那么积极主动。坦白地说，中国的学生和职员大多属于比较内向的

类型，在学习和工作中还不够主动。在学校里，学生们往往需要老师安排学习任务，或是按照老师的思路做课题研究。在单位里，中国职员常常要等老板吩咐做什么事、怎么做之后，才开始工作。此外，许多中国人并不善于推销和宣传自己，在职业发展中浪费了很多发展机遇。

要想在现代企业中获得成功，必须努力培养自己的主动意识：在工作中要勇于承担责任，主动为自己设定工作目标，并不断改进方式和方法；此外，还应当培养推销自己的能力，在领导或同事面前要善于表现自己的优点，有了研究成果或技术创新之后要通过演讲、展示、交流、论文等方式和同事或同行分享，在工作中犯了错误也要勇于承认、积极改正。只有积极主动的人才能在瞬息万变的竞争环境中获得成功，只有善于展示自己的人才能在工作中获得真正的机会。

（三）善于交流

善于交流也是职业素质与能力的重要方面。交流说起来简单，其实技巧很多。若是真诚待人，则会换来对方的真心相待，反之，则会引来别人的嫌弃。开诚布公的交流和沟通是团队合作中最重要的环节。人与人之间遮遮掩掩、言不由衷甚至挑拨是非的做法都会严重破坏团队中的工作氛围，阻碍团队成员间的正常交流，并最终导致项目或企业经营失败。

你若拿出自己的真心去对待自己的同学或同事，他们则会加倍地相信你，喜欢与你交朋友。如果在工作中，你经常抱着一种事不关己高高挂起的心态，不愿意搭理别人，自以为是，不顾别人的感受，慢慢地就会被人群孤立。

（四）终身学习

在大学期间，我们要打好基础，培养自己各方面的素质和能力；工作以后，我们应当努力在实际工作中学习新的技术并积累相关经验；即使走上了管理岗位，我们也应当不断学习，不断提高自己。

总之，实践、实习是积累经验、提升职业能力的重要途径，更是一个磨练自己、端正就业态度的机会，每个人都要珍惜实践实习的平台，不断提高自身的职业素质和工作实践能力。我们不只要在学校把自己的学习搞好，更要在日常的生活及以后的工作中，时刻做好自己的定位，努力做一个全面发展的人。

本章知识摘要

1. 职业生涯的探索阶段：根据舒伯的职业生涯发展理论，大学生处于职业生涯的探索阶段，且正好跨越了该阶段的过渡期(18～22岁)和试验承诺期(22～24岁)两个时期。

2. 职业生涯规划方案制订的基本步骤：自我评估、外部环境分析、目标确立、策略实施、反馈修正五个环节。

3. 职业生涯规划方案的主要内容：标题、目标确定、个人分析结果、社会环境分析结果、组织(企业)环境分析结果、目标分解与目标组合、实施方案、评估标准。

4. 职业素质和能力培养的意义：加强自我认知，树立正确的择业观；提高创新能力，增强社会竞争力；树立正确的职业观，增强学习效能。

课后活动

绘制我的生涯彩虹图

活动目的：通过绘制生涯彩虹图，让学生思考自我生涯中的各个角色，并思考不同角色应投入的时间精力比例。

活动流程：

1. 撰写对子女、学生、休闲者、公民、工作者、持家者等人生主要角色的理解和看法。

2. 参照舒伯的生涯彩虹图理论(详见第一章第三节)，绘制自己的生涯彩虹图，至少呈现子女、学生、休闲者、公民、工作者、持家者6种社会角色。

3. 根据自己的实际和对未来的预期，判断自己各个年龄段上投入不同社会角色的时间和精力比例，并根据时间和精力比例在生涯彩虹图上涂上颜色。

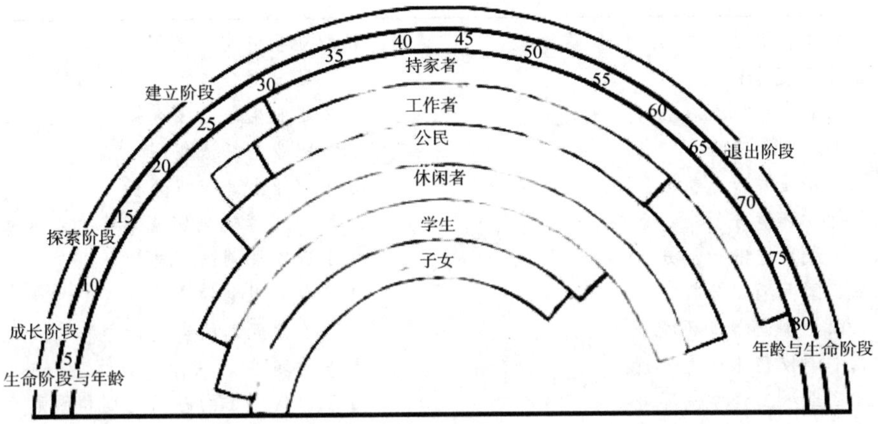

拓展阅读

大学生职业生涯规划书示例

职业生涯规划书 **学院：**________________ **专业：**________________ **年级：**________________ **姓名：**________________ **性别：**________________ ______**年**______**月**

目录（示例）

续表

1.3 自我认识结论	3 职业生涯定位及规划
2 职业环境分析	3.1 做出适合自己的职业选择
2.1 职业生涯机会社会环境评估	3.2 职业生涯路线选择
2.1.1 就业形势分析	3.3 职业生涯流程图
2.1.2 就业城市分析	3.4 职业生涯流程分析
2.2 行业环境分析	4 职业生涯规划实施策略
2.2.1 纸浆造纸行业分析	4.1 近期规划的实施计划
2.2.2 国际纸业分析	4.2 中期规划的实施计划
2.3 职业生涯学校环境分析	4.3 长期规划的实施计划
2.3.1 学校整体环境分析	5 评估调整
2.3.2 造纸工程学院环境分析	5.1 评估修正的时间周期和原则
2.4 职业生涯家庭环境分析	5.2 后备调整方案
2.5 SWOT 分析法评估职业生涯机会	结束语

一、自我分析

职业兴趣 （喜欢干什么）		
职业能力 （能够干什么）		
个人特质 （适合干什么）		
职业价值观 （最看重什么）		
胜任能力 （优劣势是什么）		
个人经历	教育经历	
	工作经历	
	培训经历	
自我分析小结：		

二、职业环境分析

家庭环境分析(包括经济状况、家人期望、家族文化等以及对本人的影响)
学校环境分析(包括学校特色、专业学习、实践经验等)
社会环境分析(包括就业形势、就业政策、竞争对手等)
职业环境分析 1. 行业分析(如××行业现状及发展趋势，人业匹配分析) 2. 职业分析(如××职业的工作内容、工作要求、发展前景、人岗匹配分析) 3. 企业分析(如××单位类型、企业文化、发展前景、发展阶段、产品服务、员工素质、工作氛围等，人企匹配分析) 4. 地域分析(如××工作城市的发展前景、文化特点、气候水土、人际关系等，人城匹配分析)
职业分析小结：

三、职业生涯定位及规划

本人职业定位的 SWOT 分析

内部环境因素	优势因素(S)	弱势因素(W)
外部环境因素	机会因素(O)	威胁因素(T)
实施策略		

四、职业生涯规划实施策略

名称	短期计划(本科生或研究生阶段)
时间跨度	
本期目标	如本科生毕业时要达到……
细分目标	如大一要达到……大二要达到……或在××方面要达到……
计划内容（参考）	如专业学习、职业技能培养、职业素质提升、职业实践计划等
策略和措施（参考）	如大一以适应大学生活为主，大二以专业学习和掌握职业技能为主……或为了实现××目标，我要……
备注	大学生职业规划的重点
名称	中期计划(毕业后五年)
时间跨度	
本期目标	如毕业后第五年时要达到……
细分目标	如毕业后第一年要……第二年要……或在××方面要达到……
计划内容（参考）	如职场适应、三脉积累、岗位转换及升迁等
策略和措施	大学生职业规划的重点
备注	
名称	长期计划(毕业后十年或以上计划)
时间跨度	
本期目标	如退休时要达到……
细分目标	如毕业后第十年要……第二十年要……
计划内容	如事业发展、工作与生活关系、健康、慈善等
策略和措施	
备注	方向性规划

五、评估修正

职业生涯规划是一个动态的过程，必须根据实施结果的情况以及因应变化进行及时的评估与修正。

评估的内容

职业目标评估(是否需要重新选择职业?)假如一直……那么我将……

职业路径评估(是否需要调整发展方向?)当出现……的时候，我就……

实施策略评估(是否需要改变行动策略?)如果……我就……

其他因素评估(身体、家庭、经济状况以及机遇、意外情况的及时评估)

评估的时间

一般情况下，我定期(半年或一年)评估规划；当出现特殊情况时，我会随时评估并进行相应的调整。

3. 规划调整的原则

六、结束语

其实我很赞同职业生涯培训老师对职业生涯打的一个比方，那就是："找职业有时就像谈恋爱找对象。"这句话的意思是说我们与职业之间有时也是讲求缘分的，要互相适合、双向选择。做职业生涯规划的目的并不是说要定死一个框架去执行，或者说非理想职业不从事，而是要做好准备，看准目标。我认为无论哪个行业都需要专业知识过硬、有团队协作精神、有良好职业道德和行为的人才。

我始终相信，综合素质强而且又能运筹帷幄的人才是职场上的赢家，才能与理想的职业共度幸福的一生。

最后，真诚感谢《职业生涯规划》课程的授课老师，是你们帮助我们树立正确的人生观、学习观、成才观，确立正确的奋斗目标，提高了我们的创业、择业、就业能力。同时它给了我一次剖析自我、展现未来的机会。

感谢您认真阅读完我的职业生涯规划书!

感谢在我成长过程中给予我鼓励和支持的老师、家人和朋友!

CHAPTER 6

第六章
职业测评

CHAPTER 6

学习目标

1. 了解职业价值观、职业人格、职业能力测评的重要性；

2. 熟悉职业价值观、职业人格、职业能力测评常用的方法；

3. 能够运用测评工具了解自己的人格特征，探讨自己的人格特征与职业的关系；

4. 澄清自己理想的工作方式，指导大学生进行职业生涯的规划。

案例

香港凤凰卫视著名主持人陈鲁豫在谈到自己成功的原因时说："我做事只有两个原则：一是做自己喜欢的事；二是做自己擅长的事。碰巧电视节目主持人是我既喜欢又擅长的工作。"有研究表明：从事自己感兴趣的职业，能发挥全部才能的80%～90%，而且长时间保持高效率而不感到疲劳；从事自己不感兴趣的工作，则只能发挥一个人全部才能的20%～30%，且容易筋疲力尽。

分析：

“兴趣是最好的老师。”兴趣是人对客观事物所持的一种积极的心理倾向，它表现为人对某一事物所产生的好奇心和吸引力，这种好奇心和吸引力能促进人的思维发展，成为学习、工作和事业上的强大内驱力。当人们专心致志地从事自己感兴趣的活动时，就会进入一种“忘我”状态，在这一过程中，人会感到无比的愉悦和满足，做事效率也会成倍增长。

人们在日常生活中经常提到的兴趣、特长等，实质上反映的是一个人的人格特质，而这种人格特质表现为人对某些特定事物的兴趣、能力、特长等。美国心理发展学家霍华德·加德纳(Howard Gardner)的多元智能理论揭示，人的智能按类型可以分为9种，而这9种智能在每个人身上以不同方式、不同程度的组合呈现，使得每个人的智能各具特点。这种差异性是在先天遗传素质的基础上，叠加环境和教育的影响形成的。事实上，很多人并不清楚自己的优势智能所在，在学习工作中做到“扬长避短”就无从谈起了。要想全面、客观、准确地了解自己的兴趣、特长等人格特质，以指导自己的专业学习和职业选择，进行职业人格测评就显得很有必要了。

第一节　职业价值观测评

价值观是人们在考虑问题时所看重的原则和标准，是人们内在的驱动力。价值观在人们的职业生涯发展中往往起到极其重要的、决定性的作用，价值观影响人们对目标、事物的选择，影响人们对事物的评价和感受。舒伯认为职业价值观是个人追求的与工作有关的目标，即个人的内在需求及在从事活动时所追求的工作特质或属性，是个人价值观在进行职业选择时的反映。

一、职业价值观测评的意义

职业价值观测评有助于职业决策和提高工作满意度。每个人的工作都是为了满足一定的需要，但是很难找到一份完全满足自己需要的工作。美国社会心理学家亚伯拉罕·马斯洛(Abraham H. Maslow)提出，人有五个层次的需求：生理需求、安全需求、归属需求、尊重需求和自我实现的需求。只有当低层次的需求得到基本满足后，个人才能关注并致力于满足下一层次的需求。这些需求是强大的内在驱动力，我们所做的事情正是为了满足这些需求。

案例

猕猴觅豆

从前有一只猴子，拿着一把豆，行走时不小心掉了一颗豆子在地上。它便将手中的其他豆子放在地上，回头去找掉落的那一颗。结果，猴子非但没有找到那颗掉落的豆子，那些放在地上的豆子，也都被鸡鸭吃掉了。

分析：

猴子手中的那把豆子，就像每个人能拥有的一切，例如，健康、金钱、声望、地位、面子、尊严、权力、爱情、学位等。为了一颗“豆子”，而把其他放弃，这样做到底是因小失大、愚昧无知，还是亦有可取之处呢？一般人认为猴子的做法是愚笨的，但也有人认为是值得的。譬如有人为了爱情，牺牲了财富、声望，最后甚至自杀，但还是没有得到爱情。这是个弥足感人的纯情者，还是个一无是处的大笨蛋呢？

其实，值不值得关键还在于个人的价值观。职业是同一个人的学习、生活等息息相关的大事，其重要性是不言而喻的。追求并力争拥有一份能充分展现自己、让自己满意的理想职业，是很正常的。理想职业是一个人走向成功的关键一步。因此，在择业过程中，需要确立正确的职业价值观。

在如何取舍方面价值观起着重要作用。职业价值观决定了人们的职业期望，影响着人们对职业方向和职业目标的选择，决定着人们就业后的工作态度和劳动绩效水平，从而决定了人们的职业发展情况。哪个职业好？哪个岗位适合自己？从事某一项具体工作的目的是什么？这些问题都是职业价值观的具体表现。

舒伯的生涯发展理论和马斯洛的需求层次理论(见图 6.1)揭示，个人由于所处的生涯发展阶段、社会环境不同，他的需求也会发生改变，从而可能导致价值观的变化。比如，有很多刚毕业的大学生，都希望进外企，做白领，把赚钱当作自己的首要目标，因为这个阶段，他们面临买房、成家的任务，这些都需要经济支持。而在工作十余年、有了一定经济基础的人群中，则有不少人意识到，仅仅为了钱而从事自己不喜欢的工作是一件痛苦的事情，所以他们在考虑职业选择的时候，薪酬就不再是排首位的价值观了，寻找一个适合于自己兴趣爱好的、能够兼顾家庭的工作成为他们的目标。他们的需求发生了改变，他们在职业上所看重的东西(职业价值观)也随之发生了变化。

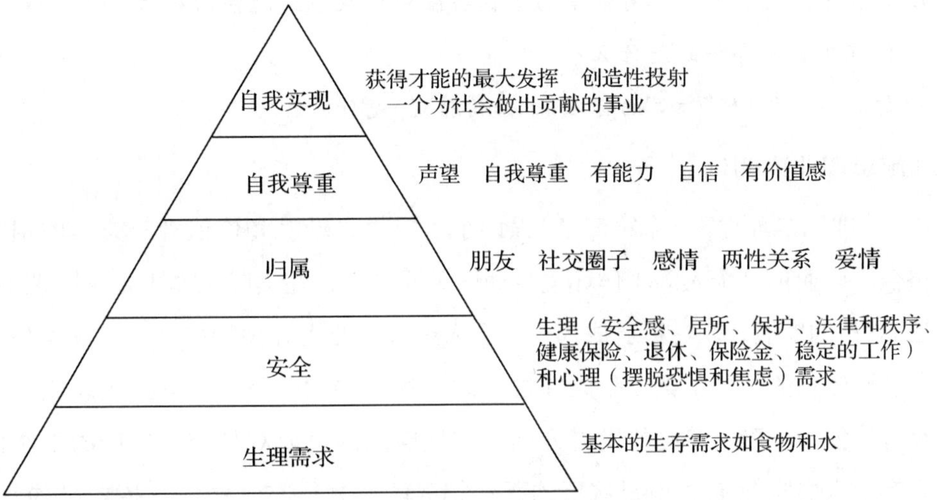

图 6.1　马斯洛需求层次理论模型

传统的职业价值观主要有以下几种：1. 薪水高，福利好；2. 工作环境舒适；3. 人际关系良好；4. 工作稳定有保障；5. 能提供较好的受教育机会；6. 有较高的社会地位；7. 工作不太紧张、外部压力小；8. 能充分发挥自己的能力特长；9. 社会需要与社会贡献大。大学生的职业选择倾向受其就业动机支配，而就业动机是大学生价值观的重要体现。大学生的就业动机可以归纳为三种类型：谋生型、创业型、贡献型。

课堂练习

1. 请同学们将自己的价值观按重要性进行排序。

2. 每位同学对自己价值观的排序作简要解释，时间每人不超过 3 分钟。

二、　常用的职业价值观测评工具

职业测评相当于给自己的职业规划做体检，有效的工具可以提高体检的客观性和准确性。

课堂练习

有关“工作”的一分钟联想：我希望做……工作。

1. 请在一分钟时间内尽可能地写下你头脑中所联想到的任何短语。

2. 你在工作中寻找的是什么？

3. 你判断工作“好”“坏”的标准（工作价值观）是什么？

（一）施恩职业锚测试

施恩的职业锚（见第一章第三节）强调个人能力、动机和价值观三方面的相互作用与整合。职业锚是个人同工作环境互动作用的产物，在实际工作中是不断调整的。经过近 30 年的发展，职业锚已成为许多个人进行职业生涯规划的必选工具和公司进行人力资源管理的重要工具。个人在进行职业规划和定位时，可以运用职业锚思考自己具有的能力，确定自己的发展方向，审视自己的价值观是否与当前的工作相匹配。只有个人的职业定位和要从事的职业相匹配，才能在工作中发挥自己的长处，实现自己的价值。尝试各种具有挑战性的工作，在不同的专业和领域中进行工作轮换，对自己的资质、能力、偏好进行客观的评价，是使个人的职业锚具体化的有效途径。

（二）WVI 职业价值观问卷

WVI 职业价值观问卷（也称 WVI 职业价值观量表）是舒伯于 1970 年编制的，用来衡量价值观（工作中和工作以外的），以及激励人们工作的目标。问题将职业价值分为 3 个维度：一是内在价值观，即与职业本身性质有关的因素；二是外在价值观，即与职业性质有关的外部因素；三是外在报酬，共计 15 个因素。职业价值观问卷是用来测量和工作满意状况有关的价值观，它对一个人的职业目标和择业动机起着决定性的作用（见附录一）。

（三）罗克奇价值观调查表

罗克奇价值观调查表是国际上广泛使用的价值观问卷，是米尔顿·罗克奇于 1973 年编制的。罗克奇的价值系统理论认为，各种价值观是按一定的逻辑意义联结在一起的，它们按一定的结构层次或价值系统而存在，价值系统是沿着价值观的重要性程度的连续体而形成的层次序列。价值观调查表中包含 18 项终极性价值和工具性价值，每种价值后都有一段简短的描述。施测时，让被试按其对自身的重要性对两类价值系统分别排列顺序，将最重要的排在第1位，次重要的排在第2位，依此类推，最不重要的排在第18位。该量表可测得不同价值在不同的人心目中所处的相对位置，或相对重要性程度。这种研究是把各种价值观放在整个系统中进行的，因而更体现了价值观的系统性和整体性的作用。

此外，高顿(Gordon，1961)编制的“人际价值观量表”(The Scale of Interpersonal Values)也较著名。

第二节 职业人格测评

一、职业人格对主体成长成才的制约和影响

职业人格是指人作为职业的权利和义务的主体所应具备的基本人品和心理面貌，它是一定社会的政治制度、物质经济关系、道德文化、价值取向、精神素养、理想情操、行为方式的综合体。它既是人的基本素质之一，又是人的职业素质的核心部分。具体来说，职业人格是一个人为适应社会职业所需要的稳定的态度，以及与之相适应的行为方式。良好的职业人格一经形成，往往能使职业观成为一种自觉的行为表现，反映在行动上表现出有自制力、创造力、坚定、果断、自信、守信等优良品质。健全的职业人格是人们在求职和就业后顺利完成工作任务，适应工作环境的重要心理基础。

案例

19世纪末，一个男孩降生于布拉格一个贫穷的犹太人家里。随着男孩一天天长大，人们发现他虽生为男儿身，却没有半点男子气概。他的性格内向、敏感、多虑，防范和躲避的心理在他心中根深蒂固。

男孩的父亲竭力想把他培养成一个男子汉，希望他具有刚毅勇敢的性格。在父亲严厉的培养下，男孩的性格不但没有变得刚烈勇敢，反而更加懦弱自卑，以至于生活中的每一个细节、每一件小事对他都是一个不大不小的灾难。他常独自躲在角

落里，小心翼翼地猜度着会有怎样的伤害落到他的身上。

父亲面对儿子彻底失望了：你能够让他去当兵、去冲锋陷阵吗？不可能，部队还没有开始选拔，他也许就已经当逃兵了。让他去从政？依靠他的智慧、勇气和决断力，要从各种纷杂势力的矛盾冲突中干出成绩，那更是可望而不可即的幻想。他也不可能做律师，内向懦弱的性格怎么可能面对法庭上紧张激烈的法庭辩论。懦弱内向的性格，也许是人生的悲剧，即使想要改变也改变不了。

这个男孩后来成为一名闻名于世的文学家，他就是捷克的作家卡夫卡。

分析：

为什么会这样？原因就在于卡夫卡找到了适合自己性格的职业。性格内向、懦弱的人往往有丰富的内心世界，能敏锐地感受到一般人感受不到的东西。他们也许是外部世界的懦夫，却是精神世界的国王。在自己营造的艺术王国中，在这个精神家园里，卡夫卡的懦弱、悲观、消极等性格弱点，反倒使他对世界、生活、人生、命运有了更尖锐、敏感、深刻的认识。他以自己在生活中受到的压抑、苦闷为题材，开创了文学史上一个全新的艺术流派，给我们留下了《变形记》《城堡》《审判》《美国》等不朽的文学巨著。

想象一下，如果卡夫卡当初听从父亲的安排去做律师，法律界可能就多了一个失败的律师，世间也就少了这些不朽的巨著。

二、 常用的职业人格测评工具

（一）MBTI 量表

MBTI 理论(见第二章第二节)用途广泛，MBTI 量表主要用于自我探索、职业发展、人才选拔、团队建设等。在 MBTI 量表中的四个维度并不平均分布。研究发现，在人群中外倾—内倾、感觉—直觉、思考—情感、判断—直觉的分配并不是对半的：35％的人属于内倾型，65％的人属于外倾型；36％的人属于直觉型，64％的人属于感觉型；30％的人属于情感型，70％的人属于思考型；32％的人属于知觉型，68％的人属于判断型。在问卷的使用过程中应该注意的是：MBTI 量表并不适合所有的个体，应将测评结果与自己在生活中的经历和体验结合起来考虑；随着自我了解加深，MBTI 量表的测评结果可能会发生变化。应思考自己的个性特征在生活中的优势和不足，避免自身的局限性，发挥长处。

（二）卡特尔 16PF 人格特征量表

卡特尔 16PF 人格特征量表简称 16PF，是美国伊利诺伊州立大学的雷蒙德·卡特尔(Raymond B. Cattell)教授编制的，是以因素分析为基础设计的人格调查表，也是最为全面的人格调查表。16PF 的主要功能是对个体的人格因素做出分析，从乐群性、聪慧性、稳定性、持强性、兴奋性、有恒性、敢为性、敏感性、怀疑性、幻想性、世故性、忧虑性、实验性、独立性、自律训练性、紧张性 16 个方面来描述个体的人格特征。它还能进一步推算人格类型的次元因素：适应与焦虑性、内向与外向性、感情用事与安详机警性、怯懦与果断性，可以得到一个人的人格轮廓图，较为清晰地全面了解个体的人格特点。

16PF 适用于 16 岁以上的青年和成人，使用方便，具有较高的信度和效度，目前广泛地应用于心理咨询及升学就业指导等领域。计算机化的 16PF 分数包含了多方面的陈述性解释，如效度指标、认知与知觉功能、人际风格、亲密关系、职业建议、人格动力以及治疗和咨询问题等。

（三）投射测验

投射测验是人格测验中的一种，主要考察个性特征、兴趣、动力等天生的因素。一般看来，投射测验让被试觉得莫名其妙，比如在一张白纸上随便泼点墨水，然后让被试以墨水的图案来讲一个故事，或者画幅图等。投射测验可以很好地解决被试故意隐瞒自己个性特征的问题，但效度不高，一般只能作为人格分析的参考，如绘画测验。

绘画测验作为投射测验的分支，是心理学中一种特殊的人格测评技术。20 世纪 40 年代以来，人们越来越认识到，可以通过绘画确定一个人的情绪和人格特征，于是“投射性绘画”术语开始出现，绘画投射测验也应运而生。常见的绘画测验包括“画树测验”和“画人测验”。“画树测验”是投射测验的一种，原为瑞士人所编制，20 世纪 60 年代修订形成中国版本。该测验要求受测者随意画一棵树，通过每个人所画的树了解其内心状态。运用这种方法，从画出的树干、树冠、树枝、树叶及其树根部分进行观察，可以有效地了解到作画者现实中的表现，如个人意志力、隐藏的内心世界以及个人平时交往等。

课堂练习

画树测验

1. 找一张白纸，画一棵树，同时在自己的心中种下一棵树，了解自己的个人内心状态，提高身心素养，保护内心环境。对自己心理方面的部分不足以及缺陷有一个直观、生动的了解和判断，从而进行合理更正，使自己向着健康的方向发展。

2. 在完成后请你介绍自己的画并注意描述以下问题：

树名、果实名(如果有果实的话)、季节、作画时的心情。

3. 考察内容

(1)画的是什么树？是现实中的树还是想象中的树？如果是现实中的树，是否有变形？

(2)这棵树是否有果实？如果有，是大还是小？有几种果实？果实的名称与果树的名称是否一致？

(3)这棵树生长在什么季节中？这个季节与果实有什么样的关系？是否与开花结果的季节相符合？季节与树的生命力的关系是怎样的？

(4)作画者在作画时的心情(情绪)如何？作画本身是否触动了作画者的潜意识中的某种情结？

(5)对树的自由联想描述是什么？

（四）基本人际关系行为倾向测试

基本人际关系行为倾向(Fundamental Interpersonal Relations Orientation-Behavior，FIRO-B)是一种评价方法工具，用来观察一个人的需要会如何影响他或她对待他人的行为。FIRO-B 可以让人们深刻了解自己能否与他人和睦相处以及相处的人际关系类型。就其要旨来说，FIRO-B 测量的是人们在以下 3 方面的需要：①涵盖力，或者说是一个人从他人那里寻求及期望的接触程度和出名程度；②控制力，或者说是一个人从他人那里寻求及期望的权力大小和驾驭程度；③影响力，或者说是一个人寻求及期望与他人保持关系的密切程度。

（五）霍兰德职业兴趣量表

我们对不同的事物有不同的兴趣，有的人喜欢与人打交道，有的人喜欢思考问题，有的人喜欢动物，有的人喜欢音乐……就拿对人的兴趣来说，不同的人也会喜欢不同类型的人。我们在交朋友、找恋人、选择专业和职业的时候，认识行为和决策都会受到兴趣的影响。兴趣是人们力求认识某种事物和从事某项活动的心理倾向，他表现为人们对某件事、某项活动的选择性态度和积极的情绪反应。兴趣是个体人格的表现，个体对职业的选择受到动机、知识、爱好和自制力等因素的支配。当兴趣直接指向与职业有关的活动时，就称为职业兴趣。研究发现，职业兴趣对职业成功的预测比职业能力的预测效果还要好，职业兴趣测验在职业测验中也更具重要地位。目前大学生常用的是霍兰德职业兴趣量表。

霍兰德从 20 世纪 50 年代开始研究职业兴趣，他以职业人格理论为依据，先后编制了职业兴趣量表和自我职业选择量表两种职业兴趣量表，并修订过多次。职业兴趣量表将主要的人格或兴趣类型界定为 6 种，并用六边形模型来表示他们的相互关系。与它们相应的是 6 大普通职业主题，通过对被测者“感兴趣的活动”“擅长获胜的活动”“喜欢的职业”“能力类型简评”的测验，统计出 6 种职业倾向(R 型、I 型、A 型、S 型、E 型、C 型)的得分，并确定职业倾向，进而确定一个人的职业兴趣。

小游戏

霍兰德兴趣岛游戏

你获得了一次免费岛屿度假的机会，唯一的要求是你必须与岛上的居民一起生活至少半年的时间。请不要考虑其他因素，仅凭自己的兴趣挑出你最想前往的岛屿。

选择三个岛屿，把最想去的岛屿排在第一位，然后是排在第二和第三的岛屿。

R：自然原始的岛屿	I：深思冥想的岛屿	A：美丽浪漫的岛屿
岛上的自然生态保持得很好，有各种野生动物。居民以手工见长，自己种植花果蔬菜、修缮房屋、打造器物、制作工具，喜欢户外运动	有多处天文馆、科技博物馆及图书馆。居民喜好观察学习，崇尚和追求真知。常有机会和来自各地的哲学家、科学家、心理学家等交换心得	充满了美术馆、音乐厅，街头雕塑和街边艺人，弥漫着浓厚的艺术文化气息。居民保留了传统的舞蹈、音乐与绘画。许多文艺界的朋友都喜欢来这个地方寻找灵感

续表

C：现代井然的岛屿	E：显赫富庶的岛屿	S：友善亲切的岛屿
岛上建筑十分现代化，是进步的都市形态，以完善的户政管理、地政管理、金融管理见长。岛民个性冷静，处事有条不紊，善于组织规划，细心高效	居民善于企业经营和贸易，能言善辩。经济高度发展，处处是高级饭店、俱乐部、高尔夫球场。往来者多是企业家、经理人、政治家、律师等	居民个性温和、友善、乐于助人，社区均自成一个密切互动的服务网络，人们重视互助合作，重视教育，关怀他人，充满人文气息

依次写下来：1. ________ 2. ________ 3. ________

小刘依次选择了C岛、S岛、I岛。通过这个游戏可以看到小刘的职业兴趣：个性谨慎、喜欢按照既定程序工作，比较喜欢和人打交道，比较善于分析和思考。总体来讲比较适合做事务性的、但又有些技术含量的工作，同时这个工作也会和人打交道。

（六）斯特朗兴趣清单

在20世纪20年代，斯坦福大学的爱德华·斯特朗(Edward Strong)列出了一份关于人的各种兴趣的单子，反映的都是特定的职业偏好。斯特朗认为，兴趣能够给人带来我们在才能或成就中所看不到的一些东西。这些东西就是人们想做的事情以及那些能使他们感到满意的事情。

如今，斯特朗的这个兴趣清单(Strong Interesting Inventory，SII)包括了人对25种基本领域的兴趣，它是区分兴趣和相关职业的有效方法。斯特朗兴趣清单包括彼此相关的3个方面：一般职业目标、基本兴趣标准以及职业标准。一般职业目标是基于霍兰德的6种基本职业兴趣倾向；25个基本兴趣标准可以衡量人们对具体领域(如机械学或艺术活动)的兴趣强度和一致性；职业标准反映的则是个人兴趣与在211个不同职业中工作的男性和女性的兴趣相似程度。这样，SII就试图将个人的相当广泛的兴趣(即6大职业目标之一)和更具体的兴趣(即一种或多种基本兴趣标准)以及具体职业名称(即109种职业的211个职业标准)三者结合在一起。

第三节　职业能力测评

一、职业能力对职业成就的影响

职业能力可以定义为个体将所学的知识、技能和态度在特定的职业活动或情境中进行类化迁移与整合所形成的能完成一定职业任务的能力。职业能力要在职业活动中形成和发展，并在职业活动中表现出来，同时，从事某种职业又必须以一定的能力为前提。

课堂练习

小组活动："试销"你自己

假设这是在面试中，招聘官让你介绍一下你自己。请你用三分钟的时间来推销自己，强调突出自己的优点和特长，设法给对方留下深刻印象。

知识链接

雇主们最重视的技能

根据美国"全国大学与雇主协会"在2002年的调查，美国雇主们最为重视的技能和个人品质按顺序排列如下：

○沟通能力

○积极主动性

○团队合作精神

○领导能力

○学习成绩

○人际交往能力

○灵活性/适应能力

○专业技术

○诚实正直

○工作道德

○分析和解决问题的能力

二、 常用的职业能力测验

职业能力测试是通过某些测试来预测下某人的职业定位，以及适合的职业类型和性格等。目前，职业倾向测验常用于协助做职业决策、专业选择等。当测验应用于职业指导以及人员选拔评估时，就被称为职业测验。在职业决策过程中要根据不同的选拔目的采用不同的测验，如评价一般能力的智力测验，评价专业知识技能的特殊能力测验、成就测验，选拔管理者时所用的性向测验和有关的个性测验等。大学生在进行职业选择时，要充分考虑个人的能力倾向、兴趣价值观、个人成长和受教育的经历等因素，可以到学校就业指导中心或心理咨询中心做相关的性向测验和兴趣问卷，以帮助了解自己的能力倾向、兴趣、爱好等特点，从而做出选择。下面简单介绍一些常见的职业能力测验。

(一)智力测验

智力测验在职业选拔中可以提供被试今后学习、解决问题方式及能力和有关活动的线索。常用的这类测验有以下几种。

1. 韦斯曼人员分类测验(WPCT)

该测试是特别为企业设计的，适用于高级人员的挑选，如推销员、文书、生产监工和管理人员等，可以测量有关理解数字关系的能力和创造力。它使用方便，大约需要 30 分钟完成。

2. 工业人事测验(PTI)

适用于筛选不需要很高智力水平的工作的求职者，如流水线操作工人、服务员或邮递员等。

3. 韦克斯勒成人智力量表(WAIS)

韦克斯勒成人智力量表是用来测量 16～74 岁成人智力的测量工具。韦克斯勒于 1955 年编制出版了韦氏成人智力量表(WAIS)，1981 年又发表了韦氏成人智力量表的修订本(WAIS-R)。该量表主要用于高级经理人员的挑选工作。

（二）多重能力倾向测验（多元性向测验）

主要是纸笔形式的测验。在美国，通常在中学施测，以便进行选修何种职业课程的决策。

1. 学业能力倾向成套测验

多以学生为对象进行标准化和实施，用以预测学业成就。我国有谢小庆编制的BEC职业能力倾向测验Ⅱ型。

2. 工业能力倾向成套测验

最早于20世纪30年代由美国明尼苏达职业安定研究所编制，用于商业和工业从业人员的选拔与安置。

3. 军事能力倾向成套测验

由美国各军种联合发展而成，以供所有军种使用的综合选拔与分类测验。

4. 行政职业能力考试

中国录用政府机关工作人员的多重能力倾向测验，由人事部考试录用司委托专家编制。

（三）特殊能力倾向测验

用于鉴别个体在某一方面是否具有特殊潜能，如机械、文书、音乐、艺术、视力、听力、运动技能等。

1. 感知觉和心理运动能力测验

可用于筛选出视力、听力不足的人，以及测量受个体意识支配的精细动作的能力，用于飞行员的筛选等领域。

2. 机械能力测验

用于工业或军事测验中，包括视-动协调、知觉及空间关系能力、机械推理和机械知识等内容。

3. 文书能力测验

分为一般文书能力测验和测量速记能力、计算机程序编制与操作能力的测验。

4. 艺术能力测验

包括美术能力测验和音乐能力测验等。

课后活动

学会使用常用的职业测评工具

活动目的：掌握常用的职业兴趣、职业能力测评等工具，科学全面地了解自己的人格特点和评估自身发展潜力。

活动流程：选择一种职业测评工具测评自己的职业人格，并全面、客观地评价测评结果，在小组内与同伴分享讨论。

本章知识摘要

1. 常用的职业价值观测评工具：施恩职业锚测试、WVI 工作价值观问卷、罗克奇价值观调查表。

2. 常用的职业人格测评工具：MBTI 性格类型量表、卡特尔 16PF 人格特征量表、投射测验、基本人际关系行为倾向测试、霍兰德职业兴趣量表、斯特朗兴趣清单。

3. 常用的职业能力测验：智力测验、多重能力倾向测验(多元性向测验)、特殊能力倾向测验。

CHAPTER7

第七章
就业政策与求职策略

CHAPTER 7

学习目标

1. 熟悉现阶段大学生就业政策；
2. 掌握大学生求职策略。

案例

大学毕业生小李去参加求职面试。面试官说：“你介绍一下你个人的情况，再说一下你为什么要选择我们这个企业。”小李便不假思索地说：“我上大学期间，先后担任过班级团支部书记与班长，有很强的组织能力、号召能力。同学们都喜欢与我交往、工作，所以，每次搞活动时，总能有一呼百应的效果。别人办不成的事情我几乎都能办妥。”但当他回答第二个问题时，却显得语塞，想了半天，说道：“我觉得你们这个单位的介绍材料非常新颖……我肯定能胜任你们的工作……”面试官接着问道：“你知道我们企业是干啥的?”小李笑笑说：“不就是你们那个宣传材料上印的那个嘛!”最后，小李被淘汰了。

分析：

小李为什么求职失败？第一，介绍个人风采时，有吹嘘之嫌。如果他将“有很强的组织能力、号召能力”“一呼百应”等换一种说法，说成“我曾协调组织了××年学院的国庆文艺晚会，同学们都比较配合我，所以，晚会举办得比较成功”，既说得非常具体而不空泛，又表达出极力推荐自己的心情，更让人感觉小李说话非常客观、谦虚。第二，小李在求职之前没有对该企业做比较全面的了解，因此无法对“为什么要选择我们这个企业”这一问题做比较具体的回答，只是泛泛地做了一个非常肤浅的回答。

在大学生就业之路上，就业政策与求职策略是紧密相连的两个方面。就业政策是国家、社会层面有关就业的规定，求职策略是大学生个人层面有利于就业的求职办法；就业政策是个人制订求职策略的总体指导、原则规定，个人求职策略是就业政策的具体落实、实践延伸。因此，大学生要想制订好自己的求职策略，必须先掌握国家、社会的就业政策；要想落实好国家、社会的就业政策，必须以就业政策为指导，谋划好自己的求职策略。

第一节　就业政策

就业政策是指在国家的就业方针指导之下，为了解决现实中劳动者的就业问题而制定和推行的一系列方案及采取的措施。就业政策以解决新生劳动力的初次就业问题和失业人员的再就业问题为直接目标。

一、　我国的就业政策

我们国家坚持的就业方针是劳动者自主择业、市场调节就业、政府促进就业。就业是我们国家经济发展最基本的支撑，就业也是我们国家所有民生问题中最大的民生问题，充分的就业又是我们国家制定经济增长目标的一个根本目的。《中华人民共和国就业促进法》中指出，“国家把扩大就业放在经济社会发展的突出位置，实施积极的就业政策”。积极的就业政策，就是政府通过大力发展经济、调整经济结构、深化社会改革、协调城乡发展、完善社会保障体系，并采取各种有效的就业措施，积极努力地增加就业的政策。特别是为应对就业压力加大的形势，国家把“大众创业、万众创新”作为实施积极的就业政策的一个重大策略，使创业和就业结合起来，旨在以创业创新带动就业。我们国家的就业政策一般包括以高校毕业生为重点的青年就业工作、农村转移劳动力的就业工作、城镇困难人员就业工作、退役军人就业工作等几个方面的就业工作；还包括以提升劳动者就业创业能力为目的的职业技能培训、人力资源市场的大力建设、就业服务体系的不断健全、失业保险对就业的促进作用的充分发挥等方面的工作。目前，我们国家积极的就业政策主要包括以下五个方面的内容。

（一）经济拉动政策

经济增长是解决就业问题的关键，可以说经济增长在很大程度上决定着就业增长。为此，我国制定了经济拉动就业的政策，主要包括以下几个方面。

1. 促进经济增长与扩大就业联动

通过稳增长来保就业、通过保就业来促增长的政策。主要包括：(1)创新宏观调控方式，把稳定和扩大就业作为区间调控的下限，保持宏观政策连续性和稳定性，促进经济中高速增长，增强对就业的拉动能力；(2)若城镇新增就业大幅下滑、失业率大幅攀升，要加大财政政策和货币政策调整实施力度，促进经济企稳向好，确保就业稳定；(3)加强经济政策与就业政策衔接，在制定财税、金融、产业、贸易、投资等重大政策时，要综合评价对就业岗位、就业环境、失业风险等带来的影响，促进经济增长与扩大就业联动、结构优化与就业转型协同。

2. 促进产业结构、区域发展与就业协同

促进产业结构、区域发展与就业协同主要包括：(1)大力发展研究设计、电子商务、文化创意、全域旅游、养老服务、健康服务、人力资源服务、服务外包等现代服务业；(2)既注重发展资本、技术和知识密集的先进制造业、战略性新兴产业，又要支持劳动密集型产业发展，降低实体经济成本，推进传统产业绿色改造，创造更多就业机会；(3)引导东部地区产业向中西部和东北地区有序转移，落实完善中西部地区外商投资优势产业目录，支持中西部地区利用外资，引导劳动者到重点地区、重大工程、重大项目、重要领域就业等。

3. 发挥小微企业就业主渠道作用

发挥小微企业就业主渠道作用主要包括：(1)通过落实小微企业降税减负政策，推进小微企业创新发展；(2)加大科研基础设施、大型科研仪器向小微企业开放力度；(3)鼓励高校、科研院所及企业向小微企业转移科技成果等，支持小微企业发展，增加就业岗位。

4. 缓解重点困难地区就业压力

缓解重点困难地区就业压力主要包括：(1)对就业困难的资源型城市，实施替代产业培育行动计划，扶持劳动密集型产业、服务业和小微企业发展，促进转型发展；(2)加大建设和改造商贸流通、交通物流、信息网络等项目的倾斜力度，以补齐基础设施短板，完善公共服务设施；(3)引导科研院所、博士后工作站、高校在具备条件的资源型城市布局，对急需紧缺人才可提供研究场地、科研经费、安家补助等政策支持，以强化人才支撑；(4)对地处偏远、资源枯竭、不适宜居住的独立工矿区，有组织地开展跨地区劳务对接。

（二）岗位扶持政策

岗位扶持政策是以重点促进企业下岗人员再就业、农村转移劳动力就业为目的的扶持政策。

1. 促进企业下岗人员再就业扶持政策

对企业下岗人员再就业的扶持政策是对去产能任务重、待岗职工多、失业风险大的困难地区、困难企业，实施的就业援助行动。主要包括以下政策：(1)鼓励去产能企业多渠道分流安置下岗职工，支持企业尽最大努力挖掘内部安置潜力；(2)对不裁员或少裁员的企业，降低稳岗补贴门槛，提高稳岗补贴标准；(3)对单位新增岗位吸纳去产能分流人员的，按规定给予企业吸纳就业扶持政策；(4)对自主创业的分流人员，要优先安排入驻各类创业孵化基地，落实创业扶持政策；(5)对确实难以安置的就业困难人员，新增及腾退的公益性岗位要优先安置；(6)对部分产能过剩企业的职工因解除劳动合同而依法取得的一次性补偿收入，符合相关税收法律法规规定条件的，可享受相关个人所得税政策等。

2. 对农村转移劳动力就业的扶持政策

对农村转移劳动力就业的扶持政策主要有：(1)对常住城镇并处于无业状态的，

可在城镇常住地进行失业登记，公共就业服务机构要为其提供均等化公共就业服务和普惠性就业政策，并逐步使外来劳动者与当地户籍人口享有同等的就业扶持政策；(2)对常住农村并处于无地无业状态的劳动者，通过大力发展特色县域经济、魅力小镇、乡村旅游和农村服务业，使其就地就近转移就业，有条件的地区可探索为其在农村常住地进行失业登记，并提供相应的就业服务和政策扶持；(3)促进农民工返乡创业，大力发展农民合作社、种养大户、家庭农场、建筑业、小微企业等生产经营主体，并在依法办理工商登记注册时可给予享受小微企业扶持政策，对吸纳贫困家庭劳动力就业并稳定就业 1 年以上的，地方可酌情给予一定奖补；(4)鼓励金融机构按照商业化可持续发展原则，运用扶贫再贷款优先支持带动建档立卡贫困户就业发展的企业及家庭农场、专业大户、农民合作社等经济主体；(5)对贫困劳动力、农民工等返乡下乡创业人员首次创办小微企业或从事个体经营并且正常运营 6 个月以上的，给予一次性创业补贴；(6)推进职业培训对新生代农民工的全覆盖，创新培训内容和方式，多渠道、广领域拓宽就业创业渠道，引导新生代农民工到以"互联网+"为代表的新产业、新业态就业创业；(7)推动农村劳动力有序外出就业，对人力资源服务机构、劳务经纪人等市场主体开展有组织劳务输出的，给予就业创业服务补贴；(8)加大对贫困人口特别是易地扶贫搬迁贫困人口转移就业的支持力度，确保他们搬得出、稳得住、能致富。

（三）市场服务政策

市场服务政策是促使劳动力供给与就业需求高效衔接的劳动力市场政策，旨在通过完善就业市场、加强就业服务和开展职业培训、提高就业能力，以缓解结构性失业问题。

1. 加强人力资源市场的法治化建设，逐步形成完善的市场管理法规体系

加强人力资源市场的法制化建设，逐步形成完善的市场管理法规体系主要包括以下内容：(1)深化人力资源市场的整合改革，统筹建设统一规范、竞争有序、覆盖城乡的人力资源市场体系，打破城乡、地区、行业分割和身份、性别、残疾、院校等歧视，完善劳动者平等就业，特别是要促进妇女、残疾人等公平就业；(2)建立与经济社会发展需求相适应的人力资源供求预测和信息发布制度，建立全国就业信息网络；(3)开展人力资源市场诚信体系建设，加快出台人力资源市场各类标准，创新

事中事后监管方式，营造规范有序的市场环境；推进流动人员人事档案管理服务信息化建设；(4)大力发展人力资源服务业，实施人力资源服务业发展推进计划；(5)简化劳动者求职手续，有条件的地区可建立入职定点体检和体检结果互认机制，尽力避免手续过于繁琐、重复体检。

2. 加强职业技能培训，提升劳动者就业创业能力

加强职业技能培训，提升劳动者就业创业能力主要包括：(1)进一步健全面向全体劳动者的职业培训制度，切实落实职业培训补贴制度；(2)充分发挥企业在技能培训中的主体作用；(3)开展岗前培训、在岗培训、订单式定向培训等多种形式的职业培训，增强培训的针对性和有效性，从而提升劳动者就业创业能力；(4)加快农业供给侧结构性改革，培育新型农业经营主体和新型职业农民，深入推进新型农业经营主体带头人轮训和农村实用人才带头人培训计划；(5)实施农产品加工业提升行动和农村一、二、三产业融合发展推动行动，建设一批加工园区和一批农村产业融合发展示范园、先导区，发展壮大吸纳农民就业的新市场主体；(6)鼓励支持各类市场主体创新发展基于互联网的新型农业产业模式，加快培育专业大户、家庭农场、农民合作社、农业企业等新型农业经营主体，扩大职业农民就业规模。

（四）政府调控政策

政府调控政策是以减少失业为目的的一系列宏观调控政策。通过严格规范企业减员、建立失业预警制度等措施，减轻社会失业压力，包括以下内容。

1. 加快推进养老保险全国统筹、划转部分国有资本充实社保基金，做好阶段性降低社会保险费率工作，延长阶段性降低住房公积金缴存比例实施期限，进一步降低企业用工成本。

2. 对符合产业升级方向、产品技术较为先进，但因受到国际国内不确定、不稳定因素影响而遇到暂时性困难的企业，采取有效措施不裁员或少裁员的，继续实施“援企稳岗、护航就业”行动：对在兼并重组、化解产能过剩、淘汰落后产能中采取措施，不裁员或少裁员以稳定职工队伍的企业，由失业保险基金给予稳岗补贴，以提高企业在履行稳定就业岗位方面的社会责任心，提高职工岗位的稳定性，从源头上减少失业。

3. 引导企业按照“保岗位、保生活、保稳定”的原则，就调整劳动报酬、工作时间等涉及职工权益的事项与职工开展集体协商，并将协商内容经职工代表大会或全体职工讨论通过，保障职工生活。

4. 充分利用就业补助资金，按规定及时将因产业结构调整、国际贸易摩擦等受影响的人员纳入相关就业扶持政策和公共就业服务范围。

5. 规范公益性就业岗位开发和管理，托底安置就业困难人员和零就业家庭就业；建立健全重大政策调整就业评估机制，强化就业政策储备。

6. 完善就业失业监测预警体系，制定风险应对预案，建立分级预警、分层响应、分类实施应对机制。

（五）社会保障政策

社会保障政策是指有效地保障下岗失业人员基本生活，以消除其后顾之忧，并促进劳动力合理流动，积极促进再就业的政策，主要包括以下内容。

1. 建立失业保险制度，保障失业人员基本生活。

2. 企业吸纳就业税收优惠制度、降费减税政策。

3. 登记失业人员创办个体工商户的税收减免政策。

4. 将失业保险基金支持企业稳岗政策扩大到所有依法参保缴费、不裁员或少裁员的企业。

5. 设立创业担保贷款。

6. 加大困难人员就业援助，强化分类帮扶和实名制动态管理，确保零就业家庭、最低生活保障家庭等困难家庭至少有一人稳定就业。

7. 允许实现就业或自主创业的最低生活保障对象在核算家庭收入时，扣减必要的就业成本，增强其就业意愿和就业稳定性。

8. 下岗失业人员符合条件者可享受社会保险补贴政策。

9. 还没有达到退休年龄的下岗失业人员，下岗失业时就可以购买养老保险，一次性补缴一部分钱，以后按年缴费至退休，缴满 15 年后就可以享受退休金。

二、 现阶段大学生就业政策

大学生就业，就是指大学毕业生按照自己的意愿、依靠自己的能力、通过一定的方式，参加社会工作。大学生就业问题，关系着大学生本人的事业成功、人生幸福，也关系着其家庭的生活质量、幸福获得，更关系着国家人才资源的合理配置及整个社会的经济发展、安定和谐等。在大学生就业困难的诸多原因中，大学生对就业政策的不了解是一个十分突出的原因。因此，大学毕业生必须熟悉我们国家有关大学生的就业政策。

（一）鼓励高校毕业生到基层和艰苦地区工作

1. 各级政府要为高校毕业生创造工作条件，主要充实城市社区和农村乡镇基层单位，从事教育、卫生、公安、农技、扶贫和其他社会公益事业。

2. 在艰苦地区工作 2 年或 2 年以上者，报考研究生的，应优先予以推荐、录取；报考党政机关和应聘国有企事业单位的，同等条件下，应优先录用；自 2012 年起，省级以上机关录用公务员，除部分特殊职位外，均应从具有 2 年以上基层工作经历的人员中录用。

3. 对到农村基层和城市社区公益性岗位就业的，给予社会保险补贴和公益性岗位补贴；对到农村基层和城市社区其他社会管理和公共服务岗位就业的，给予薪酬或生活补贴；开展农业技术推广服务特岗计划试点，选拔一批高校毕业生到乡镇担任特岗人员。

4. 对到中西部地区和艰苦边远地区县以下农村基层单位就业并履行一定服务期限的，由政府补偿学费，代偿助学贷款。

5. 对参加“选聘高校毕业生到村任职”“三支一扶”(支教、支农、支医和扶贫)“大学生志愿服务西部计划”“农村义务教育阶段学校教师特设岗位计划”等项目的，给予生活补贴，按规定参加社会保险；项目服务期满并考核合格的，报考硕士研究生初试总分加 10 分，高职(高专)学生可免试入读成人本科；今后相应的自然减员空岗全部聘用参加项目服务期满的高校毕业生。

6. 建立大学生到基层实习实践制度，组织大学生到乡镇、街道、社区、农村和生产一线实习实践。

（二）鼓励高校毕业生应征入伍服义务兵役

1. 应征入伍服义务兵役的高校学生，可获得国家资助。国家补偿学生在校期间缴纳的学费或代偿国家助学贷款；在读学生(含新生)服役期间，保留学籍(或入学资格)，退役后如自愿复学(或入学)，可获学费减免，每人每年不超过 8000 元。

2. 直接招收为士官的高校学生可获得国家资助。国家补偿学生在校期间缴纳的学费或代偿国家助学贷款，每人每年不超过 8000 元。

3. 应征入伍的大学生，在选取士官、考军校、安排到技术岗位等方面优先录取。

4. 退役一年以上的自主就业退役士兵，在考入全日制普通高校后，可在高校申请学费资助，每人每年不超过 8000 元。

5. 应征入伍的大学生，在退役后参加政法院校为基层公检法定向岗位招生考试时，优先录取。

6. 具有高职(高专)学历的，退役后免试入读成人本科；或经过一定考核，入读普通本科。

7. 退役后报考硕士研究生初试总分加 10 分；荣立二等功及以上的，退役后免试推荐入读硕士研究生。

8. 应征入伍的大学生家庭，按规定享受军属优待，本人退役后享有退役军人优抚安置政策。

（三）积极聘用优秀高校毕业生参与国家和地方重大科研项目

高校毕业生在参与项目研究期间，享受劳务性费用和有关社会保险补助，户口、档案可存放在项目单位所在地或入学前家庭所在地人才交流中心。聘用期满，根据需要可以续聘或到其他岗位就业，就业后工龄与参与项目研究期间的工作时间合并计算，社会保险缴费年限连续计算。

（四）鼓励和支持高校毕业生到中小企业就业

1. 对企业招用非本地户籍的普通高校专科以上毕业生，各地城市应取消落户限制(直辖市按有关规定执行)。

2. 到中小企业就业的，在专业技术职称评定、科研项目经费申请、科研成果或荣誉称号申报等方面，享受与国有企事业单位同类人员同等待遇，并为到中小企业就业的高校毕业生提供档案管理、人事代理、社会保险办理和接续等方面的服务。

3. 对招收高校毕业生达到一定数量的中小企业，地方财政应优先考虑安排扶持中小企业发展资金，并优先提供技术改造贷款贴息。

4. 对劳动密集型小企业当年新招收登记失业高校毕业生，达到企业现有在职职工总数 30%(超过 100 人的企业达 15%)以上，并与其签订 1 年以上劳动合同的劳动密集型小企业，可按规定申请最高不超过 200 万元的小额担保贷款并享受 50%的财政贴息。

5. 高校毕业生到中小企业就业的，在专业技术职称评定、科研项目经费申请、科研成果或荣誉称号申报等方面，享受与国有企事业单位同类人员同等待遇。

6. 对小微型企业新招用毕业年度高校毕业生，签订 1 年以上劳动合同并按时足额缴纳社会保险费的，给予 1 年的社会保险补贴；组织开展岗前培训的，按规定给予培训费补贴。

（五）鼓励高校毕业生自主创业

近十年来，国家采取多项有力措施鼓励高校毕业生自主创业，取得了显著效果。如 2008 年 1 月 28 日，团中央青工部向全国团委发出号召，同年中国青少年发展服务中心联合全国彩虹工程实施指导办公室向全国大学生发出响应彩虹工程的号召。彩虹工程是由团中央发起批准，教育部、劳社部共同参与，中国青少年发展服务中心组织实施的一项旨在引导、鼓励和支持广大青年大学生通过创业，实现和带动就业的大型社会公益工程。彩虹工程以选拔、培训适合创业的优秀青年大学生，选择合适的创业项目，组织创业培训，建立大学生创业基地等形式帮助大学生创业和就业。(1)选人。采取组织推荐与个人申报相结合的方式开展，在全国范围内选出适合创业的优秀大学生，经导师团专家在公开、公平、公正的原则下评选，对胜出者给予培训，对合格者支持创业。(2)选项目。在全社会范围内招标适合大学生创业的项目，建立大学生创业项目库。项目选择以能复制、易推广、可连锁为重点，以国内外各大型企业、投资集团产业延伸为侧重，以科技成果转化为现实生产力为突破口，以中小项目为关注点。(3)筹集资金。通过各种渠道、方式筹集社会资金(拉社会赞助，给予赞助者相应的回报、用于大学生创业)，其中为每位创业者无偿支持 5 万～10 万元、贷款 5 万～10 万元、如项目需要以投入资金占股的方式投入资金 50 万～100 万元。

（六）对困难家庭高校毕业生及就业困难学生的就业援助

1. 对就业困难和零就业家庭的高校毕业生，按相应规定可享受“一对一”职业指导和重点帮扶、公益性岗位安置、社会保险补贴、公益性岗位补贴等就业援助政策。

2. 机关、事业单位免收招聘报名费和体检费。

3. 从 2013 年起，对享受城乡居民最低生活保障家庭的毕业年度内高校毕业生，给予一次性求职补贴。

4. 实施“离校未就业高校毕业生就业促进计划”。(1)对毕业半年以上未能就业并要求就业的高校毕业生，可持学校证明到入学前户籍所在城市或县劳动保障部门办理失业登记。劳动保障部门所属的公共职业介绍机构和街道劳动保障机构应免费为其提供就业服务。对已进行失业登记的高校毕业生，有条件的城市、社区可组织其参加临时性的社会工作、社会公益活动，或到用人单位见习，给予一定报酬。对于因患病等原因短期无法工作并确无生活来源者，由民政部门参照当地城市低保标准，给予临时救助，此项费用由地方财政列支。(2)对毕业离校时未落实工作单位的高校毕业生，本人要求户口和人事档案保留在学校的，按规定保留两年。在此期间，档案管理机构对保管其档案免收服务费用；本人要求将户口转回入学前户籍所在地的，公安机关应当按照户籍管理规定为其办理落户手续，人事、教育部门所属人才交流服务机构负责办理相关手续，人事部门所属人才交流服务机构免费提供人事代理服务。本人落实工作单位后，公安机关按有关规定办理户口迁移手续。

5. 鼓励中小企业和民营企事业单位聘用高等职业学校（大专）毕业生，对就业困难的应届高职（大专)毕业生，由劳动保障、人事和教育部门共同实施“高职（大专)毕业生职业资格培训工程”，对需要培训的应届高职（ 大专 ）毕业生进行职业技能培训和职业技能鉴定。培训费由教育系统承担，职业技能鉴定费由劳动保障部门适当减免。

知识链接

德国大学生就业政策

德国没有制定专门针对大学生的特别政策，而是将大学生视为普通的社会一员，大学生就业工作被依法纳入统一的社会就业之中予以管理和服务，采取政府就业主管部门为主、社会各相关部门参与的办法。其整个社会的就业工作中，首先制定了劳动中介法、失业保险法、社会保险法等有关就业的法律，并给予每个求职者充分的就业信息和咨询、培训、进修及求职期间个人与家属最基本的生活保障。如地方劳工局高校服务组多设在大学附近，举办各种就业会议，是大学生获得就业信息和就业指导的一个主要渠道。德国的就业指导是全程化的，在小学高年级就已经开始职业导向的教育服务，在高校特别重视大学生的职业实习与实践，这种动态性的就业指导与提高就业能力的就业服务贯穿于学生学业的始终。同时，政府非常注重与企业合作，通过对企业的资助和扶持，引导企业创造一定数量的新的就业岗位，以解决就业问题。另外，通过开展职业培训、提供良好创业政策环境等，鼓励大学生自主创业。如职前培训、在职培训、转岗培训等，既使学生接受普通文化知识教育，又使学生接受职业基础、职业技能教育等；再如通过设立银行贷款、创业补助金、雇佣失业补贴等措施，促进大学生自主创业。高校内部，大都设有就业指导中心，会同政府、地方、企业，开展就业咨询、校企合作等活动，为大学生提供就业指导与服务。

第二节　求职策略

求职策略主要是指大学生为实现求职目的，在求职前期与求职过程中所采用的有利于就业的一揽子方案，也叫求职办法。良好的求职策略，能够提高大学生求职竞争力，实现成功就业。因此，大学生必须学会制订与运用自己的求职策略。

一、求职前的准备策略

求职前的准备策略，顾名思义，是为实施求职做准备的前期方案，一般包括认识自我、把握市场、选择就业渠道三个方面的内容。求职前的准备策略以认识自我与把握市场为关键，以就业渠道为“自我”与“市场”之间的联系纽带。认识自我属于“知己”，把握市场属于“知彼”，如此方可“知己知彼，百战不殆”。

（一）准确认识自我

1. 认识自我的内涵

认识自我，就是指个体对自我生理、心理、社会等多方面素质与趣向的认识与评价。道家创始人老子在《道德经》中说“自知者明”，所以，一个大学生能否准确地认识自我，决定着他能否明智地选取自己可以胜任的工作，也决定着他在工作中能否取得进一步的发展。大学生在求职前必须要做到充分地认识自我，才能有备无患地打赢“求职”战。大学生求职前的自我认识，主要包括通过自我感觉、自我观察、自我分析所得到的对自己的知识水平、道德修养、职业能力、职业意向等的认识，其主要解决“我能干什么”及“我干什么易于成功”的问题。

2. 全面、正确认识自我

全面认识自我，指对自己的知识水平、道德修养、能力素质、个性特征、兴趣特长、职业意愿、身材相貌等方面的优劣做出全方位的认识；正确认识自我，指对自身素质的各个方面有比较客观、准确的评价，不能产生错误认识，不因拔高而自傲，也不因降低而自贱。做到全面、正确认识自我，就能明确自己的职业特长，也会进一步明确自己的职业意向，这十分有利于下一步的求职。有了明确的职业特长，就对自己有一个准确的职业定位，不致好高骛远或者自贬一等；有了明确的职业意向，就有了努力的方向与追求的目标，不致盲目行事或者只顾眼前。诸如不管职位是否适合自己而“天女散花”式地发放求职简历、不管职业好坏而随意签约、只顾眼前利益甚至只管工资薪酬而忽视个人发展、放弃各种应聘机会而消极悲观地等待家长帮助等求职现象，都是没有准确认识自我的求职表现。

3. 认识自我必需处理好的一对关系

新时代大学生在准确认识自我的过程中，一定要处理好个人发展、家庭幸福与国家繁荣的关系。既要认识到自己的职业对个人与家庭的重要价值，更要认识到作为大学生的自己是我国社会主义事业的建设者和接班人，把个人发展、家庭幸福与国家事业辩证统一起来。个人发展、家庭幸福只能在国家繁荣的基础上求得，只有国家繁荣昌盛了，才能有个人更广阔的就业与发展空间，也才能有一个个家庭的幸福。有人说：“国家繁荣，个人不一定幸福；但国家不繁荣，个人就一定不幸福。”因此，新时代大学生在认识自我时，一定要把个人职业对个人发展、家庭幸福的意义与个人职业对国家社会繁荣昌盛的意义结合起来形成自己的职业价值观。这是对新时代大学生的一种历史责任性要求、一种理想信念要求，也是决定新时代大学生在今后的职业生涯中能否实现更大价值的关键所在。

4. 如何才能使自我认识全面、正确

全面、正确认识自我的办法有以下四个方面：一要靠“吾日三省吾身”式的自我省察，做出对自我素质与趣向的判断；二要借助于他人的评价以做出对自我素质与趣向的判断；三要在与他人的比较中做出对自我素质与趣向的判断；四要在社会实践中去检验自我素质与趣向的优劣。

（二）准确把握市场

准确把握市场，就是准确地了解就业市场的需求，熟知就业市场的情势。

1. 对当前就业市场的求职困难性做出准确判断

近年，由于大学毕业生数量的逐年增加、城镇新增劳动力数量的增加及下岗失业人员再就业、农村富余劳动力转移等几个方面的问题聚焦到一起，使整个国家的就业困难显得比较突出，这必然使大学生就业形势不容乐观。特别是在近年我国经济增速放缓、经济下行压力持续加大、产业结构调整的大背景下，就业需求受到抑制，而人才供给却是线性增长，就业空间不断缩小，就业形势就更为严峻。

2. 对求职复杂性做出正确判断

求职过程类似于商品交换过程，需要买卖双方彼此筛选、洽谈、协商和约定，但比商品交换过程更为复杂。因为影响顺利求职的因素很多，既有大学生个人素质、求职趣向的因素，又有用人单位的需求因素与面试官的素养、个人好恶等因素，还有国家人事政策、产业政策等因素，另外还有其他的随机因素。求职过程对大学生来说，因其复杂而具有不可控性的特点，要求大学生对于求职过程的艰辛做出充分的估量。如果遇到挫折与失败，要以“笑到最后”的姿态从容面对暂时的困难，要以“好事多磨”的心胸坦然接受暂时的挫折与失败，并以“自强不息”的精神向各种困难发起冲击，争取最后的胜利。

3. 对国家的就业导向做出正确判断

在每一个时期，国家会根据经济、社会发展情况对大学生就业做出导向性的安排，具体表现为出台一些鼓励大学生到某一地区、某一行业就业的政策。比如近年，国家出台了鼓励大学生到基层去、到小微企业去、到边疆去、到东北与西部地区去、到兵营去、到新型产业去的就业政策。这意味着这些地方有大量的用人需求，并有国家的政策支持，有较好的个人事业发展前景，因此是大学生去就业、去建功立业的首选之地。正如习近平总书记勉励大学生转变择业观念时提出的：“志存高远、脚踏实地，转变择业观念，勇于到基层一线和艰苦地方去，善于在平凡岗位上创造不平凡的业绩。”

4. 要对创业之路做出积极思考

2008年，国家出台的《关于促进以创业带动就业工作的指导意见》中指出："发挥社会各方面支持和推动创业工作的积极作用，营造全民创业的社会氛围；加强舆论引导，弘扬创业精神，树立一批创业典型。"除此之外，近年国家在"大众创业、万众创新"的口号背景下还推出了许多鼓励大学生创业的政策，如各地通过建立创业园、科技园，为大学生创业在工商注册、场地租用、人才招聘、公共管理等方面提供一站式服务，并享受土地使用、税收方面的优惠政策与创业培训、资金支持等。因此，大学生要有乐于创业、敢于创业的气魄，积累知识、积累经验、积累人脉，借助"中国制造2025""互联网+"行动，把目光投向新兴的有发展前景的行业，如绿色产业、养老产业、实体企业等，通过创业实现就业。

（三）熟悉就业渠道

就业渠道是大学生就业的途径。广义上，就业渠道包括就业行业、就业单位及就业信息等；狭义上仅指提供就业信息、供需洽谈的途径。这里的就业渠道是从狭义上来理解的，单指提供就业信息与供需洽谈的途径，所以说就业渠道是"自我"与"市场"联结的纽带。大学生熟悉并拓宽就业渠道，就能更加广泛地收集到大量就业信息，从而遴选、甄别真实有用的信息，并与用人单位展开有效的洽谈，以助实现自己的就业愿望。目前常见的就业渠道有校园招聘、大型现场招聘会、网络招聘、媒体广告招聘、猎头公司招聘、宣传单招聘、熟人推荐等，这些都是大学生实现就业的重要渠道。

1. 校园招聘是学校针对本届毕业生而向用人单位开设的专场招聘会，具有专业针对性强、用人单位可靠、应聘费用低廉等特点，因此成为高校应届大学生求职的主要渠道。

2. 大型现场招聘会是由地方就业服务部门所主办的双向人才洽谈会，有常设型的与临时型的两种类型，具有用人单位多、信息量大、应聘费用低等特点，所以它是人才交流的最普遍、最有效的途径之一，在高校毕业生求职渠道中居于仅次于校园招聘的第二位。

3. 网络招聘是利用互联网发布招聘信息、供需洽谈的招聘活动，具有较强的灵活性、较大的针对性、信息的丰富性、费用的低廉性等特点，非常便于大学生求职，但因其同时存在着信息虚假、信息泄露等缺陷，需要慎重对待。

4. 媒体广告招聘、猎头公司招聘、宣传单招聘等就业渠道各有利弊，若审慎、恰当地处理其招聘信息，也会是大学生就业的良好渠道。总之，就业渠道选择的正确与否对大学生能否成功地实现就业起着重要作用。

5. 熟人推荐直接面对熟人朋友，招聘的针对性更强，成功率更高。

二、 求职过程中的应对策略

求职过程是指大学生参加双向选择会期间的投递简历、面试、笔试等环节。这一过程是大学生求职的关键环节，要坚持主动性、灵活性、合法性的求职原则。主动性要求大学生始终以积极主动的姿态参与求职过程；灵活性要求大学生在求职过程中灵活地处理专业与市场需求的关系、个人职业目标与现实岗位的关系等；合法性要求大学生在求职过程中熟悉并运用有关法律法规保障自身合法权益。除此之外，要实现高质量就业，还要掌握一些应对策略。

（一）了解单位信息

选取用人单位时，全面了解用人单位信息并非轻而易举之事，所以要通过听取社会反映及网上查找、书面了解、口头询问等多种方式，以了解其发展历史与最新动态、发展目标与企业文化、最高领导与机构设置、单位规模(员工数量)与业务范围、地理分布与产品或服务类别、财政状况与薪酬体系、绩效考核与晋升体系、培训制度与员工发展路径、公众形象与社会评价、招聘职位与能力要求等全面情况。招聘会上面对形形色色的用人单位，全面了解其基本信息对大学生就业有非常重要的意义。

1. 有利于确定自己的职业意向

如果说求职前所确定的职业意向因缺乏实际支撑而显得不明晰的话，经过求职过程中对用人单位信息的全面了解，职业意向会更加清晰而确定。了解越多的用人单位基本信息，将这些信息与自己的素质、趣向匹配的频率越高，对自己先前的职业意向适时调整的机会也越多，因而也会使职业意向愈加清晰而确定。

2. 有利于个人的学习与成长

学校教育给予大学生的知识、能力等素养，具有预期性，即学校按照对某一专业知识、能力的未来预期，开设专业、课程，实施教育教学，使大学生的专业知识、能力等素养有了一定的确定性。而就业单位对于人才知识、能力等素养的需要具有一定的不确定性，超出学校教育的预期。这就使大学专业结构的变化明显落后于社会需求的变化，使大学生个人素质与社会需求之间存在一定的距离。大学生通过对用人单位信息的全面了解，就可以发现自己身上存在的与社会需求不适应的方面，通过主动学习与实践得到弥补，从而可调整之前设定的“专业对口”的预期，实现更加灵活的跨专业、跨学科就业。

3. 有利于应对面试

面试是供需双方洽谈的重要方式，对大学生能否顺利谋取职位起着关键作用。大学生面试中，常常被问及对用人单位的认识、聘用后所希望的薪酬等问题。只要我们把之前所了解到的用人单位信息内化成我们的知识背景，在言谈中体现出我们对用人单位的现状与发展持有高度的关注心、悦纳心和获得该职位的真诚心、迫切性，取得面试成功的概率就会更高。有些大学生在面试中答非所问、话无逻辑、语不顺畅，显得异常别扭。究其原因，并不完全在于缺乏沟通能力、分析能力、应变能力等，而是缺乏对用人单位信息的全面了解与掌握，缺乏面试应对策略，致使在面试中显得无话可说，不能与用人单位实现有效沟通，失去就业机会。

（二）展示个人风采

大学生能否顺利应聘，既取决于自身知识、能力等素养，又取决于个人风采的临场展示。大学生求职过程中，个人风采的展示突出表现在仪容仪态、口头表达、风采介绍三个方面。

1. 仪容仪态

仪容仪态属于求职礼仪范畴，主要应遵循两个原则。一是着装打扮，以整洁、干净、合体及合乎身份为原则。着装化妆不求华丽与时尚，但也不能显得随意与邋遢，而要表现出青年学生的清新、向上之气。二是行为举止，包括人的面部表情、动作姿态等，以端庄、得体、礼貌为原则。行为举止比着装更能体现出一个人的内在修养，端庄得体、合乎礼节的行为举止是一张走遍世界的“通行证”，也正如有人所说：“大多数人录用的是有礼节的人，而不是最能干的人。”因此，在行为举止方面绝对不能有散漫、无礼等现象。

2. 口头表达

首先，语言表达要规范——熟练地运用普通话。普通话是我们国家的通用语言，也是联合国工作语言之一。普通话在求职中具有很重要的作用，作为新时代的大学生，必须努力克服地方方言对讲普通话的影响，要能熟练、准确地运用普通话。其次，语言表达要清晰——口齿清晰而有逻辑性。清晰而有逻辑性的语言，能准确地传达要表达的信息，实现人与人之间的有效交流。要做到口齿清晰，必须在平时注意发音、吐词等方面的训练。有这样一种现象，部分同学在讲方言时口齿清晰，但一讲普通话就变得口齿含混，这就是平时缺乏普通话训练的缘故。语言的逻辑性主要是指语言的条理性，是思维逻辑性、流畅性的外在反映。所以，语言有无逻辑，就反映出一个人的思维是否有逻辑，进而可以推知一个人的工作思路是否清楚、工作条理是否明晰等。因此，这是面试中非常关键的方面。虽然求职过程中只有几分钟的表现机会，但显示着之前数年的学习、思考及训练之功，我们必须注意平时的自我培养，切不可在面试中出现语言前后不连贯或者张口结舌的现象，也不可语无伦次或前后自相矛盾。最后，语言表达要精准——内容完整、用词准确。表达内容要抓住重点、兼顾其他，给听者以完整的信息；同时，所使用的词汇必须从词义、词性、感情色彩等方面做到准确、妥帖、恰如其分，这样才能实现与他人的良好沟通。表达内容不完整、用词不准确，都会使听者莫名其妙、如堕五里雾中，严重影响面试求职。另外，求职过程的语言表达中不能有自我吹嘘、贬损他人现象，更不能有无端抵赖、归罪他人现象。如负约迟到，就绝不能自找借口以抵赖，而应及时道歉，以求谅解，这更是一种个人风采的展现。

3. 风采介绍材料

风采介绍材料是大学生在求职过程中展示自己成长生涯中优秀事迹的纸质材料，是求职材料的重要组成部分。风采介绍材料包括理想信念、为人处世、学业状况、身体素质、活动剪影等几个方面。理想信念中既有远大的人生理想，又有中期的职业理想，还有近期的阶段性理想。为人处世中可谈及友情、亲情等社交情况，更要表达对待工作的一贯态度与作风。学业状况中对自己的学习情况、知识结构、能力素质等要有比较完整的展示。身体素质是关于身体能否胜任当前谋取工作的健康状况描述。活动剪影，是对个人在大学期间参加各种文体比赛、社团活动、创新创业等工作的综合性的风采展示，内容涉及多方面，但展示要做到“形散而神不散”，旨在展示个人的特长或能力。总之，通过个人风采的介绍，要将自己最好的一面或者自己符合招聘职位所要求的特质展示给对方。当然，个人风采展示还可以根据自己的情况与实际需要，在上述内容之外加以拓展，但必须要坚持求实性原则，既不能妄自菲薄，更不能自我吹嘘。

（三）直面挫折失败

大学生在求职过程中，挫折失败是经常发生的事，所以要敢于直面挫折失败。

1. 端正心态

在求职过程中遭遇挫折失败是很正常的，大学生应积极端正求职心态。当今世界是竞争的世界，大到国与国之间的对抗，小到个人与个人之间的竞争。近年来，我国高校毕业生人数逐年增多，就业压力也日趋增加，择业的竞争也势必越来越大。只要有竞争，就会有成功与失败。在激烈的竞争中，要有乐观向上、积极进取的精神，把每一次求职都作为展示自己、积累经验的历练场。求职是一种求职者和用人单位双向选择的过程，求职者要有不卑不亢的求职态度：用人单位有权力去选择自己心仪的求职者，求职者也有权力去挑选一个适合自己专业和特长发挥的用人单位。

2. 分析原因

遭受挫折或失败时，要摒弃虚荣心理，放下思想负担，分析其中原因。既要找到客观原因，又要找到主观原因，而更为要紧的是找到主观原因。客观原因往往是我们个人所无法改变的，即使查找得到，或许也无济于改善我们今后的求职。而主观原因揭示了我们自身在知识、能力、经验、修养等方面的一些弱点、不足，甚至是缺点、过错。查找出这些原因，将非常有利于改变我们自己，加强我们的薄弱之点，改善我们的求职之事。所以说，挫折失败并不是生活对我们的鄙视、社会对我们的淘汰，而是天赐我们的一份鞭策礼物，我们可借此更加振作，自立自强，促进我们的成长与进步、成熟与发展，摆脱“等、靠、要”的就业心态，成为新时代的开拓者。

3. 调整目标

大学生在求职过程中，若在某一职位遭遇多次挫折失败时，可能需要对自己的求职目标做出调整。职业理想的追求与实现，并不一定完全取决于某一职业或者某一职位本身，或许从比较现实的职业或职位起步，更易于取得成功。许多成功人士，起初都从事着比较基层的职业，如华罗庚初中毕业后便帮助家里料理小杂货铺等，在此基础上扎实做事，一步步取得了辉煌的成就。所以说，远大的职业理想与脚踏实地从事基层职业并不矛盾。这就要求我们在遭遇较多或者较大挫折失败时，要改变思路、调整方向，这可能是我们的最佳出路。反之，如果不顾主客观实际，而一味地固执己见，执拗地向着所谓认定的目标努力，或许会遭受更大的挫折与失败。

本章知识摘要

1. 我国积极的整体就业政策：包括经济拉动政策、岗位扶持政策、市场服务政策、政府调控政策、社会保障政策等。

2. 我国现阶段大学生就业政策：包括鼓励高校毕业生到基层和艰苦地区工作、鼓励高校毕业生应征入伍服义务兵役、积极聘用优秀高校毕业生参与国家和地方重大科研项目、鼓励和支持高校毕业生到中小企业就业、鼓励高校毕业生自主创业、强化对困难家庭高校毕业生及就业困难学生的就业援助政策等。

3. 大学生求职策略：包括求职前的准备策略和求职过程中的应对策略。求职前的准备策略包括准确认识自我、准确把握市场、熟悉就业渠道三个方面；求职过程中的应对策略包括了解单位信息、展示个人风采、直面挫折失败三个方面。

课后活动

完成下列思考题，并任选1道题作为主题，制作成海报或PPT，在组内展示。

1. 简述国家就业政策。

2. 论述大学生应如何提高自己的就业能力。

3. 试论大学生就业与小康社会建设的关系。

4. 口述大学生求职前应做好哪些准备工作。

5. 论述如何正确对待求职过程中的挫折与失败。

6. 试论求职与专业学习、情操修养等的关系。

拓展阅读

大学生创业可享受十二项优惠政策

创业，不是少数人的专利，而是多数人的选择，对于朝气蓬勃的大学生更是如此。在首届中国“互联网+”大学生创新创业大赛总决赛举行时，李克强总理曾批示：“大学生是实施创新驱动发展战略和推进大众创业、万众创新的生力军”。有关扶持大学生创业的内容也两次被列为国务院常务会议议题。

大学生创业可享受十二项优惠政策。

1. 大学生创业税收优惠

持人社部门核发《就业创业证》(注明“毕业年度内自主创业税收政策”)的高校毕业生在毕业年度内(指毕业所在自然年，即1月1日至12月31日)创办个体工商户、个人独资企业的，3年内按每户每年8000元为限额依次扣减其当年实际应缴纳的营业税、城市维护建设税、教育费附加和个人所得税。

对高校毕业生创办的小型微利企业，按国家规定享受相关税收支持政策。

2. 创业担保贷款和贴息

对符合条件的大学生自主创业的，可在创业地按规定申请创业担保贷款，贷款额度为10万元。

鼓励金融机构参照贷款基础利率，结合风险分担情况，合理确定贷款利率水平，对个人发放的创业担保贷款，在贷款基础利率基础上上浮3个百分点以内的，由财政给予贴息。

3. 免收有关行政事业性收费

毕业2年以内的普通高校学生从事个体经营(除国家限制的行业外)的，自其在工商部门首次注册登记之日起3年内，免收管理类、登记类和证照类等有关行政事业性收费。

4. 享受培训补贴

对大学生创办的小微企业新招用毕业年度高校毕业生，签订1年以上劳动合同并缴纳社会保险费的，给予1年社会保险补贴。

对大学生在毕业学年(即从毕业前一年7月1日起的12个月)内参加创业培训的，根据其获得创业培训合格证书或就业、创业情况，按规定给予培训补贴。

5. 免费创业服务

有创业意愿的大学生，可免费获得公共就业和人才服务机构提供的创业指导服务，包括政策咨询、信息服务、项目开发、风险评估、开业指导、融资服务、跟踪扶持等“一条龙”创业服务。

6. 取消高校毕业生落户限制

高校毕业生可在创业地办理落户手续(直辖市按有关规定执行)。

7. 创新人才培养

创业大学生可享受各地各高校实施的系列“卓越计划”、科教结合协同育人行动计划等，同时享受跨学科专业开设的交叉课程、创新创业教育实验班等，以及探索建立的跨院系、跨学科、跨专业交叉培养创新创业人才的新机制。

8. 开设创新创业教育课程

自主创业大学生可享受各高校挖掘和充实的各类专业课程和创新创业教育资源，以及面向全体学生开发开设的研究方法、学科前沿、创业基础、就业创业指导等方面的必修课和选修课，享受各地区、各高校资源共享的慕课、视频公开课等在线开放课程，及在线开放课程学习认证和学分认定制度。

9. 强化创新创业实践

自主创业大学生可共享学校面向全体学生开放的大学科技园、创业园、创业孵化基地、教育部工程研究中心、各类实验室、教学仪器设备等科技创新资源和实验教学平台。

参加全国大学生创新创业大赛、全国高职院校技能大赛和各类科技创新、创意设计、创业计划等专题竞赛，以及高校学生成立的创新创业协会、创业俱乐部等社团，提升创新创业实践能力。

10. 改革教学制度

自主创业大学生可享受各高校建立的自主创业大学生创新创业学分累计与转换制度，将学生开展创新实验、发表论文、获得专利和自主创业等情况折算为学分，将学生参与课题研究、项目实验等活动认定为课堂学习的新探索。

同时也享受为有意愿有潜质的学生制定的创新创业能力培养计划，创新创业档案和成绩单等系列客观记录并量化评价学生开展创新创业活动情况的教学实践活动。优先支持参与创业的学生转入相关专业学习。

11. 完善学籍管理规定

有自主创业意愿的大学生，可享受高校实施的弹性学制，放宽学生修业年限，允许调整学业进程、保留学籍休学创新创业等管理规定。

12. 大学生创业指导服务

自主创业大学生可享受各地各高校对自主创业学生实行的持续帮扶、全程指导、一站式服务，以及地方、高校两级信息服务平台，为学生实时提供的国家政策、市场动向等信息，及创业项目对接、知识产权交易等服务。

可享受各地在充分发挥各类创业孵化基地作用的基础上，因地制宜建设的大学生创业孵化基地，和相关培训、指导服务等扶持政策。

（资料来源：《大学生创业，都能享受哪些优惠政策?》，http：//www.gov.cn/xinwen/2015-11/15/content _ 2966220.htm，2019-07-25，题目为作者编加。）

CHAPTER 8

第八章 简历制作与面试

CHAPTER 8

学习目标

1. 针对应聘职位把求职者的专业技能和优势用最直接、最快的方式展示给面试者；

2. 掌握简历制作的要素、内容以及制作原则和技巧；

3. 了解面试的作用、掌握常见的面试流程及注意事项；

4. 掌握常见的面试问题及应对技巧；

5. 熟悉不同类型的面试方法；

6. 学习掌握职业化的形象；

7. 学习掌握面试过程中的礼仪。

案例

一次某公司招聘策划人员，待遇优厚，应聘者很多。中文专业毕业的小张同学文采过人，在各类刊物上发表过多篇文章，还前后为5家公司策划过年会。招聘者看到小张的简历觉得十分满意，便通知小张来面试。来面试时，小张穿着迷你裙，上身穿着露脐装，轻盈地走到一位考官面前，不请自坐，随后跷起了二郎腿，晃动着脚尖，笑眯眯地等着问话。孰料，几位招聘者互相交换了一下眼色，主考官说：“张小姐，请回去等通知吧。”

分析：

仪表仪态、言谈举止等能在一定程度上反映一个人的职业素养，这些都是面试的重要内容。小张的服饰过于前卫，并不适合面试的场合；小张的举止太过于随意，既不文明也不优雅，“不请自坐”“跷起二郎腿”“晃动脚尖”等举止给人的感觉是缺少基本涵养，面试结果不言自明。

第一节　简历

一、 简历的作用

为什么求职需要简历？为什么用人单位不直接给你面试机会？为什么要把简历做得尽量精美？

首先，一定要真正理解简历的作用。简历的真正作用是求职的敲门砖。

找工作，最开始竞争的是简历。因为你到任何一个招聘单位要做的第一件事情就是要投递简历，而简历就是那些单位了解你的第一扇窗口。因此简历就成了你和单位沟通的第一通道，往往是招聘人员了解你的第一个途径。一份好的简历，可以在众多求职简历中脱颖而出，给招聘人员留下深刻的印象，然后决定是否给你面试通知，它是帮助你应聘成功的敲门砖。所以说简历不是很多人认为的用来填写个人“丰功伟绩”的功劳簿，也不仅仅是把工作经历、学习状况罗列一下的履历清单。

简历是一种个人广告，用来展示一个人的工作技能以及它们对于未来单位或雇主的价值。只要你的简历没有引起招聘单位的注意，那么你的这次应聘就是失败的，简历撰写的出发点是尽可能地引起用人单位的注意。实际上，招聘单位希望求职者的简历或求职信能提供足够的信息，使他们能给予其面试机会，对其做更进一步的了解。如果求职者了解到这一点，并能提供出用人单位最关注的相关信息，就能引起招聘者的充分注意。这个目的达到了，你的简历就发挥了敲门砖的作用，为你的求职打通了第一关。一份能吸引招聘者注意力的简历能创造面试的机会并增加录取的概率。

二、 简历的类型

简历的类型主要有以下几种。

（一）时间型简历

它强调的是求职者的工作经历，大多数应届毕业生都没有参加过工作，更谈不上工作经历了，所以，这种类型的简历不适合应届毕业生使用。

（二）功能型简历

它强调的是求职者的能力和特长，不注重工作经历，因此对应届毕业生来说是比较理想的简历类型。

（三）专业型简历

它强调的是求职者的专业、技术技能，也比较适用于应届毕业生，尤其是申请那些对技术水平和专业能力要求比较高的职位，这种简历最为合适。

（四）业绩型简历

它强调的是求职者在以前的工作中取得过什么成就、业绩，对于没有工作经历的应届毕业生来说，这种类型不适合。

（五）创意型简历

这种类型的简历强调的是与众不同的个性和标新立异，目的是表现求职者的创造力和想象力。这种类型的简历不是每个人都适用，它适合于广告策划、文案、美术设计、从事方向性研究的研发人员等职位。

三、 简历制作

（一）格式

常用的简历格式有两种。一种是循序法，按时间的先后顺序，列举自己的学习、工作、培训方面的经历；另一种是倒序法，把最新最近的写在简历前面，这种简历写法受到人力资源工作者的青睐，毕竟时间有限，要在 15 秒左右看出一个人是否有进一步接触的价值。

（二）内容

这里提供一个标准顺序，你可以按照这个顺序写你的简历，也可以根据需要调整次序。例如，如果你有相关的经历或工作经验，可以把它放在你的教育背景前来写。

1. 基本情况

基本情况包括姓名、出生年月、性别、籍贯、民族、政治面貌、学历、学校、专业、毕业时间、联系方式等。除应聘单位有明确要求写出的外，身高、体重、身份证号、家里的通信地址和电话号码等不用写。

2. 目标职位(求职意向)

这是整个简历中比较重要的一项，是指求职者对自己所寻求职位的定位或标准也叫求职目标。求职目标能简单、迅速地向潜在用人单位告知以下信息：你正在寻找什么样的职位，人力资源部门应向哪个部门推荐该简历。你应该明确表达你想从事的工作职位名称(如财务管理人员、计算机程序设计师等)或领域(如教育培训、通信、人力资源管理等)。在申请大公司的职位时，一定要在简历最醒目处，明确表述清楚自己希望工作的“目标部门”以及“目标岗位”。求职目标的表述要简短清晰，避免使用诸如“我能在××岗位使用我的知识和技能来发展我的专长……”之类的表达。

3. 社会实践与工作经历

社会实践与工作经历可以体现应聘者的实践经验、组织协调能力、团队协作精神等，是很多用人单位所看重的。社会实践与工作经历不仅仅在走上工作岗位后才能获得，在校读书期间也可以获得。社会实践包括在社会所参加的一些活动、所接受过的教育培训，以及在校期间所参与的社团、学生会工作等。工作经历所包含的范围可以涵盖应届毕业生的实习经历，以及在校期间的兼职经历。

在分析了招聘职位的要求后，明确分析自己是否具备该职位所必需的各项能力，并紧紧依据职位的要求给出你认为自己称职的几点理由。

4. 教育经历

(1)教育背景：以逆序的方式列出自己曾就读的大学、就读专业、就读时间、获得的学位等信息。如果你的总评成绩优异或排名较高，可以特别注明。

(2)主修科目：你可以选择将这个部分作为子标题或教育经历部分的重点内容。选择与你的目标职位相关的 3～6 门课程，如果课程名称不能充分反映你所希望传达的信息，详细描述以展示这门课的适用性和与职位目标的密切相关性。

(3)个人技能：包括职业资格、计算机水平、外语水平等。表述尽量量化，不要使用过于抽象的语言。如熟练应用 Word、PPT、Excel、Photoshop 等多种办公软件；学过×××酒店或财务管理系统；中英文打字速度快，中文五笔打字 50 字/分钟，英文 170 字母/分钟；能流利地运用英语进行交流，水平达到 CET-6；其他方面特长(电脑、兴趣爱好、旅行经历)。

5. 自我评价

自我评价要恰如其分，尽可能使你的专长、兴趣、性格与你所谋求的职业特点、要求相吻合。事实上，“教育经历”“社会实践、工作经历”同样在印证个人的能力、性格，因此，前后一定要相互照应。

（三）照片

在简历中加入个人照片有助于给招聘者留下更深入的直观印象，如果需要，可以专门穿着正装照一套比较正式的证件照贴在简历上。有些职位(如文秘、公关、销售等)对外貌还是有一定要求的，照片尽量与自己的气质相符，不要有太大差距。

（四）附件

由于应届毕业生并不会有太多的工作经历，可以在简历中附上在读书期间取得的学历证书、有关等级证书、资格证书、获奖证书等的复印件作为附件。如毕业证、学位证复印件各 1 份；英语等级、计算机等级证书复印件各 1 份；其他资格证书复印件 1 份；获奖证书复印件 1 份。简历的附件部分可以在一定程度上证实简历正文中所写的项目，也可以在一定程度上体现出求职者的能力和素养，增加求职成功的概率。

四、 简历制作的原则

简历制作应遵循以下几个原则。

1. 求职简历要简

招聘经理们要面对上百份甚至更多的求职简历，不可能对所有的简历都进行仔细的阅读。简历文字要简明扼要，最好缩减到一页纸，最多不要超过两页纸。

2. 求职简历要突出经历

用人单位最关心的是应聘者的经历，从经历来看应聘者的经验、能力和发展潜力。

3. 求职简历要突出所应聘的职位信息

招聘经理主要对应聘者的岗位胜任能力感兴趣，因此求职者无论是在写自己的经历，还是在做自我评价的时候，一定要围绕所应聘职位的基本要求来写。

五、制作简历注意事项

制作简历时应注意以下几个事项。

1. 简历制作必须有针对性

求职者必须对简历进行“客户化”，针对每一个公司和职位制作不同的简历。

2. 不要以附件形式发电邮简历

发送简历时，最好直接将简历粘贴在正文中(粘贴后要重新排版)，不要以附件的形式发送(除非公司要求)，因为招聘人员在查阅简历时的附件下载率只有10%。邮件主题可按招聘单位的要求写，如果没有标明的话，建议写上自己的姓名、应聘的职位等。

3. 实习经验和教育经历的安排

普通高校毕业的应届生，实习经验多的，先写实习经验，后写教育背景；实习经验少的，先写教育背景，后写实习经验。

4. 切记不要使用寻人启事型简历

寻人启事型简历指身高、体重等私人信息都标出的简历。制作简历时，只需要把个人通信地址、电话、电子邮箱放在简历抬头即可；如果应聘国企，可在简历中显示是否是党员。

5. 尽量使用第三人称描述

用第三人称描述，用结果说话，用动词说话，用数字说话，如“协助制订营销策略(电视、报纸和网络营销等)，销售额成功提升28%”。

6. 呈现自己的优点和特长

要通过简历积极呈现出自己的优点和专业特长，可使用关键词进行描述。

7. 排版简洁大方

简历的排版要做到简洁有序，版面清晰。一般来说，同一级别的内容用同样的字体、字号，段落之间的间距要相同，文字与上下左右边框的间距要调整一致。也可以找一份简约美观的简历模板来制作简历。

8. 突出特色

简历要注重语言技巧，表述力求突出个性、避免平庸。

9. 表达顺畅

语法准确、用词妥当、无虚假内容，通俗易懂、言语诚恳，自信，适当自谦。

知识链接

普通和优秀简历对比

项目	普通简历	优秀简历
校徽	大部分有	通常没有
标题	“简历”或“个人简历”	有自己的名字，应聘职位等
相片	形式花哨，千姿百态	实在
个人信息	极为全面，甚至像人口普查	简单，三行搞定最主要的信息，包括联系地址、电话、E-mail 等
求职目标	大部分无	有
教育背景	加上很多课程名称	由近及远写毕业院校，不写课程名称，注明 GPA 及排名
实习经历	较多，是一些事情的堆积，而没有轻重之分，也不对其进行详细介绍	实习经验有主次之分，在一家公司实习的关键事件不超过 3～4 项，实习经验都能按照 STAR 法则填写
学术研究	长篇累赘，散乱无章	按照学术论文书写规范，表明第几作者，EI 检索/SCI 收录等
专利成果	长篇累赘，散乱无章	注明专利名称，按 STAR 法则填写
竞赛实践	长篇罗列，各种性质的竞赛混在一起	选择性的选择与应聘岗位相关的竞赛实践填写，并选择关键性竞赛项目做详细描述
校内/社会工作	大篇幅书写与专业无关的学生工作经历和社会实践经验	简洁明了，清晰自然
获奖情况	一部分有，一部分没有，罗列较多，没有归纳，没有分析	基本都有，除了描述之外还有对各种奖项的归纳，分析和交代
个人技能	罗列较多，没有突出自己的独特之处，自己不太会的也列上了	选择性很强，不会随便写，够一定水准了才写上去

续表

项目	普通简历	优秀简历
性格特点或爱好	具体描述，而且还不少	选择性添加、描述
页数	2页甚至更多，最后一页的内容不足半页	整页，通常为1页，最多2页
低级错误	很多，包括拼写、语法、时态、同类型字体不一致等	几乎没有
真实度	一般不造假，只有艺术性地放大	不造假，但有表达的技巧
精确度	数字敏感性较低	数字敏感性较高
排版	很差，不讲究	一丝不苟，十分讲究
文字风格	平铺直叙，大段描述	言简意赅，分点交代
主观印象	杂乱无章，无主次之分	精美舒畅，有重有轻

第二节　面试

一、面试准备

对于没有任何求职经验的大学生来说，面对面试官的提问，有时会被问个措手不及。但实际上，面试官的提问并没有那么可怕，学习掌握面试的有关技巧，可以做到知己知彼、有的放矢，提高面试成功率。

（一）面试前进行有效准备

1. 充分了解应聘单位

对用人单位的性质、业务范围、经营业绩、发展前景，对应聘岗位职务及所需的专业知识和技能等要有一个全面的了解。单位的性质不同，对求职者面试的侧重点也不同。如果是公务员面试，内容和要求与企业公司相差很大。公务员面试侧重于时事、政治、经济、管理、服务意识等方面。而一位资深人力资源专员说："面试时，我们都会问求职者对我们公司了解多少，如果他能很详细地回答出我们公司的历史、现状、主要产品，我们会高兴，会认为他很重视我们公司，对我们公司也有信心。"同时，还应该通过熟人、朋友或有关部门了解当天对你进行面试的考官的有关情况及面试的方式、过程，以及面试时间安排，索取可能提供给你的任何说明资料。

2. 使自己的能力与用人单位工作的要求相符合

“知己知彼，百战不殆。”求职者面试前应对自己的能力、特长、个性、兴趣、爱好、长短处、人生目标、择业倾向有清醒认识。认真阅读你所收集到的所有信息并牢记它们，尽量使自己的能力与工作要求相适应。参加面试时，通过显示你对知识的掌握和理解来表达你希望进入这一职业工作的愿望。

3. 模拟可能询问应聘者的问题

面试前不经过角色模拟，便无法达到最佳的效果。一些负责招聘的人事主管提出，求职者应当乐意提问题，这样招聘者才能知道求职者的水准以及想了解的问题。

4. 对可能遇到的问题进行准备

这项准备有助于认清自己真正的想法，有助于在面试的现场能够清晰地自我表达。

5. 练习处理对你面试不利的事情

即使曾有一些不愉快的受挫经历，即使自己曾经犯过错，也可作为一段可供学习的经验加以陈述。务必用积极的事情抵消消极的事情，最好不要说有损自己形象的话。

（二）全面的自我认识

要自信地应对面试，首先要对自己有清楚的认识。首先，写出几件自己认为可以称得上成功的事情，并逐一分析这些成就，列出你最主要的几项技能。其次，同一件事情，各人有各人截然不同的处理方式，这取决于每个人不同的个性。为弄清自己的个性，可以通过分析成就的方式，用一些形容词来归纳自己的性格特点。最后，确定与你的个性、兴趣相符的工作环境。工作环境不仅指具体的物理环境，还包括工作单位所具有的工作氛围、文化氛围等。一位求职者到一家由几个工程师开设的公司面试，她说：“那里给人的感觉就像军队，棕色的地毯、黄色的屏风、陈旧的家具……我不会在那儿工作的。”

（三）心理准备

面试就好比一场考试，在测试每个人的能力，也在测试每个人的心理素质和临场发挥。因此，要成功面试，首先要充满信心。保持良好的状态、快乐的心情，会大有好处。其次要懂得面试官的面试心理。招聘者可能会将一个求职者的衣着、外表、仪态及行为举止列入考量范围；也可能会对求职者的专业知识、口才、谈话技巧做整体性的考核；还可能会从面谈中了解求职者的性格及人际关系，从谈话过程中了解求职者的情绪状况、人格成熟度、工作理想、抱负及上进心。

（四）业务知识准备

与应聘岗位相关的专业知识、业务技能等要熟知。准备一份求职材料，供招聘者查阅参考。准备当天可能用到的个人资料和作品，携带相关证件，以便在面试过程中进一步向招聘者提供有关自己个人的相关资料。

（五）体能仪表准备

面试前要保证充分的睡眠和愉快的心情，以保持良好的精神状态。面试前还应注意修饰自己的仪表，使穿着打扮与年龄、身份、个性等相协调，与应聘的职业岗位相一致。这一点将在后面的内容中较为详细地阐明。

二、　面试类别与形式

（一）面试类别

1. 问题式面试

有些招聘者按照事先拟定的提纲对求职者进行发问，请求职者予以回答。问题式面试的目的在于观察求职者在特殊环境中的表现，考核其知识与业务，判断其解决问题的能力，从而获得有关求职者的第一手资料。

2. 压力式面试

有些招聘者有意识地对求职者施加压力，就某一问题或某一事件做一连串的发问，追根问底，直至求职者无以对答。此方式主要观察求职者在特殊压力下的反应，思维敏捷程度及应变能力。

3. 随意(或自由)式面试

即招聘者与求职者海阔天空、漫无天际地进行交谈，气氛轻松活跃、无拘无束，招聘者与求职者自由发表言论，各抒己见。此方式的目的为：于闲聊中观察应试者的谈吐、举止、知识、能力、气质和风度，对其做全方位的综合素质考查。

4. 情景(或虚拟)式面试

有的招聘者事先设定一个情景，提出一个问题或一项计划，请求职者进入角色模拟完成，其目的在于考核其分析问题、解决问题的能力。

5. 综合(全方位)式面试

招聘者通过多种方式考查求职者的综合能力和素质，如用外语与其交谈，要求即时作文，或即席演讲，或要求写一段文字，甚至操作一下计算机等，以考查其外语水平、文字能力、书法及口才表达等各方面的能力。

以上是根据面试种类所做的大致划分，在实际面试过程中，招聘者可能采取一种或同时采取几种面试方式，也可能就某一方面的问题对求职者进行更广泛、更深刻、更深层次的考查，其目的在于能够选拔出优秀的应聘者。

（二）面试的形式

1. 集体面试

即很多求职者在一起进行的面试。就招聘者来讲，这样可以在专业、地域及其他各方面都有较大的选择余地。

2. 个体面试

即用人单位对求职者单独进行的面试。

3. 随机面试

即采用非正规的、随意性的面试方式，这样可以考核出求职者的真实情况。

三、 面试策略

面试的最佳结果是面试官全面而准确地了解到应聘者的优势所在，这是每一位面试者梦寐以求的结果。但现实情况经常是面试还没开始，多数的面试者就已进入自我混乱的状态之中了。产生这种情况的原因是多方面的，其中认知的偏差、焦虑、恐惧等莫名的情绪是最主要的。在面试之前，应聘者应该努力挖掘自己潜在的力量，用积极的心态来消除负面心理的影响，满怀信心地在未来的面试中一展自己的风采。

（一）面试时遵循的原则

面试通常安排在笔试和其他考核之后进行，面试的成败对应试者来说，往往具有“一锤定音”的作用。经验证明，成功的面试应把握以下几条原则。

1. 化被动为主动的原则

从形式上看，面试是用人单位对应试者的挑选，通常由考官出题、提问，主导面试进程和结局，考官的态度、评价决定着对应试者的取舍；而应试者则是处于被召唤、被支配、被挑选的地位，似乎没有多少主动权可言。其实，如果应试者换一个角度看问题，把面试当成推销自己、展示才华的过程和机会，把面试现场当成展示自己的舞台，那么，应试者就可以在一定程度上获得面试的主动权，其主观能动性就会得到充分的发挥，表现出很大的预见性、主动性和创造性。比如，如果事先就以积极的姿态有目的地进行大量卓有成效的准备工作，包括了解和研究用人单位的需求状况、专业特点、考官心理、应答对策，那么在面试过程中，就会表现得精神饱满、热情亢奋，思维机器全面开动，知识积淀不断被唤醒，应对自如，实现正常甚至超常发挥，从而把自己的优势与对方的需求有效地对接起来，赢得考官的好感，最终成为面试的优胜者。

2. 外在形象与内在素质并重的原则

面试的目的在于全面考查应试者的素质，重点通常放在应试者的内在素质方面。但是，从实际情况看，考官对应试者的直观印象却是十分关键的，应试者以什么样的形象在现场亮相往往会带来不同的效果。一般来说，外在形象能折射出一个人的内在素质、气质和修养水平等，并易于给他人形成“首印效应”。

给考官留下良好的第一印象可以极大地提高应聘的成功率。因此，应试者应坚持外在形象与内在素质并重的原则，在着力表现内在实力的同时，也要关注自己的衣着打扮、行为举止和态度表情，以向考官展示自己良好的修养和形象。

3. 心理与才学互动的原则

一般来说，应试者走进面试现场，面对考官时，心理压力会大大增加。如果不善于进行心理调节，就会出现心理失控，影响正常应对和发挥。我们常常看到，有的应试者很有才学，但他们的心理素质太差，一旦走进严肃的面试现场就心跳加速、紧张不已，特别是涉世不深的青年，见了这样的场面，往往乱了阵脚。这种教训应牢牢记取。实际上，心理与才学是一种互动关系，应试者把自己的心理素质与才学表现协调好，做到以才学稳定心理，以心理支持才学的表现，使两者相辅相成、相得益彰。为此，在面试前既要注意才学准备，又要注意自身的心理训练和面试心理准备。在面试中，特别是入场后的前三分钟，要采取措施，进行积极的心理调节，稳定情绪，引导自己进入最佳竞技状态。这样在强大的积极性与支持下，就会有出色的表现。

4. 真诚与口才相统一的原则

应试者不但应在专业上用功，还应注意追求嘴巴上的功夫，对于面试中常用到的演讲、对话等方式要多加练习。面试前，要在对有关内容进行预测、材料准备和策略谋划的基础上，精心地对语言表达进行设计并试讲，看哪些内容宜直答、哪些宜婉答，先说什么、后说什么，追求哪一种表达风格等。有时，同样一句话，这样说还是那样说的效果大不相同。在面试过程中，还要把眼、耳、脑、口都调动起来，最大限度地把思想内容表达出来，力求新巧出奇、反应敏捷，不断闪现出灼人的思想火花。面试口才的最高境界是要善于表达真诚，谈吐要真实得体。面试应答一定要说实话，把真诚表达出来，让人信服，真诚的东西才是最有魅力的。面试应答不是演戏，不是演讲比赛，面试时，考官考查的是应试者的真实观点、看法和水平。所以，应答必须发自内心，实话实说。在这里，口才只是一种手段，绝不是目的。我们应善于把个人的真实思想感情，通过卓越的口才表达出来，说得有力度、有重点、有逻辑性，思路清晰，动情感人，形成共鸣。如果你夸夸其谈，华而不实，一味地卖弄口才，那只会弄巧成拙。

（二）面试注意事项

1. 面试问题的巧妙回答

求职者面临的最大困难是如何回答面试人员的问题。对于没有任何求职经验的大学生来说，面对面试官的提问，可能会穷于应付。实际上，虽然每家公司面试提出的问题各不相同，但万变不离其宗，提出的所有问题都有其清晰明确的目的。只要好好准备，掌握了常规的方法和技巧，加上临场镇定的表现和充分发挥，就能马到成功。

知识链接

面试中常见的问题

下面是一些经典的常见面试问题，这些问题从不同的方面和角度在考查一个应聘者的个人素质。

1. 能向我介绍一下你自己吗?

不要认为面试官已经看了你的简历，这个问题是多余的，这是一个推销自己的好机会。建议你的回答要包括以下内容：你的职业生涯目标；与求职目标有关的技能；与求职目标有关的成就和资历。你不一定要按照这样的顺序来介绍你自己，但要努力把各个方面都介绍清楚。回答时间以两分钟左右为宜，切忌啰唆冗长。

2. 请谈谈你打算在五年后做什么(或请谈谈你的职业目标)?

面试官希望借此了解你对自己职业生涯是否有切实的计划，以及这一规划与现在你应聘的职位是否相关，并由此看出你申请这一职位的动机。

3. 你为什么会对我们公司(或单位)的这个职位感兴趣?

面试官希望了解的是你申请职位的动机。他们希望你的决定是经过深思熟虑的，是建立在对公司(或单位)和自身兴趣及能力充分了解的基础上的，并非一时冲动或盲目做出的。

4. 你凭什么认为能胜任这份工作(或你能为我们公司或单位做出什么样的贡献)?

这个问题也可能这样表述：你为何选择本公司，关于我们你了解什么？此时，你必须表现出对目标职位或公司业务以及自身长处的了解，强调自身所具备的正是公司所看重的品质(在专业和人际能力方面)，强调你所能做出的贡献而不是你能从这份工作中得到的利益(因此不要只说“我希望从这份工作中学到……技能”)。

5. 你有过与一个特别难打交道的人一起完成某项任务的经历吗？请描述一下(或请举例说明你在……方面的能力)。

这个问题和其他类似的问题(如“当你跟合作伙伴意见不一致时是怎么处理的?”“你在压力特别大的时候是如何处理好生活与学习的?”“你怎样处理与你的道德标准或商业规范相违背的请求?”等)，都是希望你能通过具体的例子来证明自己在某一方面的能力。而这一能力正是雇主所看重的，常见的如沟通能力、领导能力、主创精神、团队合作精神、人际交往能力、问题解决能力等(根据问题的具体内容而定)。重要的是要有具体实际的、令人信服的例子，而不是仅仅宣称具有某项品质(如“我很擅长与人交往”之类)。可以预先准备好一些这样的例子备用。在讲述时，不要过于啰唆——尤其是在事件情景部分，但也要有必要的细节。按照“事件发生的情景—我的对策—取得的良好效果”的方式来讲述，突出自己应对的能力以及良好的效果。

6. 你最大的特点是什么?

不要只介绍你的优点、能力,还要把它们与应聘的职位和公司(组织)的需要联系起来。除了宣称你具有某项能力、长处以外,还要尽可能提供简略的例证,要向对方证明你是一个出色的人选。

7. 你有什么缺点?

对这个问题可以用以下几种方式回答。用避重就轻的方式,说一些对工作不会造成太大影响的缺点;用似坏实好的方式,说自己是完美主义者,做事过于认真仔细,有时花时间太多等。最好是用“我不擅长……但我已经意识到这一点,并采取了……的措施、方法来改变它”的方式来回答。不要说自己什么缺点都没有,那样显得你不诚实也不真实。

8. 如果让你的朋友描述你,你认为他们会怎么说?

这类问题帮助面试官从侧面了解你是什么样的人,所以面试之前对自己有深入的了解很重要,回答问题时突出自己和目标职位相关的特点。

9. 为何到现在还没找到工作?

对于那些的确花费了很长时间还没找到工作的同学来说,这个问题很有挑战性,也许它会勾起沮丧的情绪,立刻对自己没有了信心。如果你有这种负面感受,说明你可能真的认为这么长时间没有找到工作是因为自己不够好。带着这样的想法,很难找到一份令人满意的工作。所以,不妨换个角度想想,你毕竟认认真真地为自己的未来付出了很多努力,比起那些很顺利就找到工作的同学而言,你更能承受挫折。虽然暂时失败了,但从未放弃,这也是你难能可贵的地方。从这个角度来看,你还得感谢自己。所以,对于这个问题,也许每个人都会给出不同的答案,但重要的是从积极的角度去回答。

10. 如果让你将梳子推销给旅游区寺庙中的和尚,你将如何去做?

这是一类以现实或假设情景为基础的问题。回答的基本原则是让面试官知道你是怎样思考和怎样解决问题的,关键不是得到“正确”的答案,而是演示提出答案的正确方式。

面试过程是主试与被试双方面对面地观察、交谈、了解、智斗的过程,也是短兵相接、双向沟通的过程。主试通过对被试的外部行为特征的观察与分析,考察、评价其素质特征、应变能力、理解能力、思考问题的广度和宽度;同时,被试也在对主试进行观察与分析判断，对主试的个性、爱好、价值观等进行推测，力图使自己的回答和其他表现符合面试官的要求，所以演好这场重头戏，对求职者来说是至关重要的。

2. 扮演好自己的角色

情景面试是面试形式发展的新趋势，在情景面试中，突破了常规面试及主考官和应试者一问一答的模式，引入了无领导小组讨论、公文处理、角色扮演、演讲、答辩、案例分析等人员甄选中的情景模拟方法。在这种面试形式下，面试的具体方法灵活多样，面试的模拟性、逼真性强，应试者的才华能得到更充分、更全面的展现，主考官对应试者的素质也能做出更全面、更深入、更准确的评价。在情景面试中，应试者应落落大方，自然和谐地进入情景、进入角色，去除不安和焦灼的心理，才能发挥出最佳效果。

3. 较强的时间观念

求职者在面试中，需要保有强烈的时间观念。严格遵守时间，不管是迟到还是违反约定，这些都是对主考官不尊重的表现，也是一种不礼貌的行为。因此，如果有客观原因存在，须提前更改面试时间，如果不能按时到现场，应事先打电话告知面试官，以避免对方空等。

求职者最好提前 5 分钟进入办公室，以展示自己的诚意，赢得面试官的信任感，并再一次调整自己的心理，进行一些简单的准备，避免面试因为仓促上阵而产生慌乱。当然求职面试的时间并没有明确的规定限制，谈话时间的长短与面试内容关系紧密，通常情况之下保持在半小时到 45 分钟为宜。求职者如何把握好适时离场的时间呢？通常来说，高潮话题结束后，或者在面试官的示意之下，求职者应当告辞离开。求职者做完自我介绍后，面试官会根据自我介绍提一些相关问题，而后转谈工作。在谈工作的过程中，主考官会将工作性质、内容及工作职责等逐一介绍，继而会听取求职者个人的打算与对未来工作的设想。之后，双方会就福利待遇等问题进行会谈。这些话题结束后，求职者应当主动告辞，不能盲目拖延时间。

4. 出入场要有礼貌

应试者进门前应先敲门，在得到允许后才可以进入面试现场。应向用人单位问好致敬，并做自我介绍，此时可以顺手递一份自荐材料，经用人单位许可后方可入座。坐姿要端正，不要有小动作。离去时应说“再见”。

5. 面试结束后感谢

为了加深招聘人员对你的印象，提高录取成功的可能性，面试者在面试结束后的一两天内，求职者可给某个具体负责人打电话或写一份电子邮件，感谢他提供面试机会和为自己所花费的精力，以此加深招聘人员对你的印象。感谢电话宜简短，一般不能超过 5 分钟。感谢信要简洁，不宜超过一页，简短地谈谈自己对这个职位的兴趣和特长等，以增加对录取有帮助的内容事实，尽可能地修正之前给招聘人员留下的不好印象。在感谢信中尽可能地展现出对自己的自信，主动提供更多的材料。

6. 不要过早打听面试结果

通常面试结束后，面试考官都会进行讨论或者投票，而后送到人事部汇总，最后确定录用人选，这个时间可快可慢。求职面试者一定要耐心等待消息，收拾心情，全心准备下一家单位的面试工作。

如果在对方单位许诺的时间内没有收到任何回应，可以给负责人打个电话询问。一般不宜直接问自己是否被录取之类的问题，而应婉转地问结果是否已经出来了。这个电话可以表示出自己的兴趣，还可以从他的口气中听出自己是否有希望入选。如果没有被录用，求职者应尽快调整好自身状态，做好再次面试的准备。

知识链接

情景面试中的角色扮演

1. 当你舌战群儒的时候

你一个人面对多个考官时，首先需要的是冷静、沉着。当应聘者与面试官直接接触、对面问答时，多数人会感到紧张、慌乱，临场发挥不好。这是因为平时大学生应聘的机会很少，再加上希望成功的心情迫切，所以，见了面试官后，心跳加快、手足无措，智商、口才、形象、仪态都大打折扣。其实这大可不必，你研究好面试官，就可沉着冷静、平常对待，千万不要将面试官当成正在宣判自己命运的大法官，而要把面试官当成自己相处几年的班主任和各科老师，这样就会消除紧张情绪，流畅应答。当然能判断出哪个是老板、哪个是经理、哪个是部门主管就更好了。还要善于观察各位面试官，面试官大致有六种类型：谦虚型、老练型、唯我独尊型、演讲家型、死板型、迟滞型。不同类型的面试官提出的问题风格不同、基调不同，问题类型也就有直接式、选择式、自由式、因果式、测试式、挑战式、诱导式等几种。

2. 巧识语言陷阱，奋战压力面试

在各种面试官中，往往最让人发怵的是“刁钻”的面试官，为了鉴别求职者的真实表现，他们通常会在面试中设置种种语言陷阱，以测试你的智慧、性格、应变能力、心理承受能力。这种面试官往往会用怀疑、尖锐、单刀直入等明显不友好的方式发问，在有意制造的紧张气氛中提出一连串问题，穷追不舍，直至求职者无法回答，以此来“洞穿”求职者彬彬有礼的外表，使其心理防线崩溃；或者劈头盖脸浇你一盆冷水，包括长时间的沉默、声色俱厉的故意提问等方式，让你在委屈和激愤中露出本色。在他看来，击溃求职者的心理防线，才能筛选出有心理承受能力的智者，找到能面对压力的新鲜血液。这种面试称为压力面试，这是“刁钻”的主考官用来淘汰大部分应聘者的惯用手法。

对应聘者而言，了解面试官的出题背景、真实意图至关重要。应答思路是：不管哪一类的刁钻问题，不管有多少变化，都是想了解求职者的真实情况。具体来说，在刁钻问题的背后，目的都不外乎是考查求职者的能力与适应性、对领导的服从性、独立工作能力、处理困难问题的能力等，以及在紧张和不舒适的环境下，求职者会有什么反应。要想在压力面试中胜出，就要在交锋时斗智斗勇、坚持到底，以不变应万变，始终面带微笑，沉着应答，识破陷阱内幕，巧妙迂回作战。

3. 挑战自我的小组面试

小组面试也叫集体面试，主要用于考查应聘者的人际沟通能力、洞察与把握环境的能力、组织领导能力等。在集体面试中，通常要求应聘者做小组讨论，相互协作解决某一问题，或者让应试者轮流担任领导主持会议，发表演说等，从而考查应聘者的组织能力和领导能力。

无领导小组讨论是最常见的一种集体面试法。众考官坐于离应聘者一定距离的地方，不参加提问或讨论，通过观察、倾听为应聘者进行评分；应聘者自由讨论主考官给定的讨论题目(这一题目一般取自于拟任岗位的职务需要，或是现实生活中的热点问题，具有很强的岗位特殊性、情景逼真性)。

无领导小组讨论时，你要踊跃发言，展示口才，充分体现你的竞争力和领导力，不要畏缩、羞涩、拘谨、木讷，要时刻鼓励自己、相信自己，要在实际行动中逐步磨练自己。一个人的自信心并非与生俱来，而是在不断战胜困难中逐步培养起来的。一定要挑战自我、充满信心，你要是自己躲起来，没人会发现你。

第三节　求职礼仪

中华民族是传统的礼仪之邦，古人说："礼出于俗，俗化为礼。""礼仪"一词内涵博大精深，"礼"指的是尊重，"仪"指的是恰到好处地向别人表示尊重的具体形式。今天那些约定俗成的礼仪规范，其实就是源于我们在人际交往中所形成的最易让人接受的做法。求职礼仪，指求职者在求职面试的过程中向用人单位表示尊重的一系列礼仪规范，是大学生在求职过程中必须具备的礼仪修养。

在求职面试过程中，一个人的礼仪水平不仅反映出求职者自身的人品与修养，而且也影响到了面试官最终的决定。因为在面试过程中，用人单位与面试官考查的不仅仅是求职者的专业能力和水平，更考查求职者的人品。在求职面试中，一个懂礼仪的人，相较于别人获得应聘成功的机会更大。正因如此，越来越多的人极为重视对大学生进行求职面试礼仪规范的培养。

一、应聘中的仪容

塑造良好的仪容形象，有助于建立良好的人际关系，在职业发展中也将助你一臂之力。特别是在面试过程中，职业化的形象和得体的举止能反映求职者良好的素养，会赢得招聘者的好感。

（一）塑造良好仪容仪表形象

服饰礼仪是人们在交往过程中为了相互表示尊重与友好，达到交往的和谐而体现在服饰上的一种行为规范。整洁美观的服饰是人们能用以改变自己或烘托自己的最好的、使用最频繁的"武器"。面试者的着装应给人一种干净利落、有职业精神的印象。男生应显得干练大方，女生应显得庄重优雅。不同的行业和职位着装也不同：应聘银行、政府部门及文秘岗位，穿着应偏向传统正装；应聘公关、时尚杂志等行业，则可以适当地在装扮上加些流行元素，显示出自己对时尚信息的捕捉能力。在应聘面试的时候，还要根据各国的风俗习惯去着装：在日资企业应聘的时候，一定要着正装；去欧美国家的企业应聘，则可以随和一些。不管是男生还是女生，准备面试的衣服一定要事先多穿几次，让自己有一个习惯的过程，这样才不至于在面试的时候露出尴尬相。对于一个追求面试成功的人来说，学会着装，便会起一个画龙点睛的作用，可以使自己在面试群体中快速取得面试者的信任，从而脱颖而出。

着装的基本要求是形象优美、干净合体、整洁端庄。服饰礼仪可以依照三方面原则：一是TPO原则。Time(时间)，着装与季节、时令相符；Place(地点)，着装与所处位置、场所、环境相符；Occasion(场合)，着装与特定场合(正式场合、社交场合、休闲场合、喜庆场合、悲伤场合)和气氛相和谐。二是PAS原则。Profession(职业)、Age(年龄)、Status(地位)，着装要考虑不同职业、年龄和地位的差异。三是整体性原则。着装要与自己的体型、容貌、肤色等因素和谐。在选择恰当的着装时可以问自己几个问题：今天我要去哪？我要去做什么？我将与谁碰面？

首先，服装应适合面试场合，适应应聘职位工作的需要。根据所应聘的工作性质和类型，确定自己的穿着，这是一个较稳妥的做法。不同职业对人的要求是有差异的，而这种差异同样体现在穿着上。尽管某种职业的穿着标准没有成文的规定，但人们的心理上却存在着各种各样的定势。因此，求职者的穿着最好与所求工作的性质和环境相协调一致，求职单位职员平时的穿着习惯，能为求职者提供参考。

其次，着装要合体，讲究款式搭配合理、色彩配饰和谐。如高而瘦的人，不宜选用竖条纹的服装，否则会显得更高更瘦。太薄的衣服也会给人以呆板、乏味的感觉，而有质感、厚实一点的衣料会使体瘦的人看上去精神抖擞。肥胖的人则相反，衣服质地太厚显得笨重，但也不能太薄，否则体型弱点就暴露无遗了，衣料以薄厚适度为宜。服装的搭配、色彩的选用是很有学问的，求职应聘者应该尽量学习一些关于服装美学的知识。

最后，要投其所好。有些求职者总是喜欢根据自己的爱好穿着服装，这样的好处是让自己面试时感到自然轻松。但如果你的衣着恰恰不符合主考官的审美习惯，就可能影响录用。一般说来，着装不必赶时髦，不必求流行，尤其不能穿得花枝招展。当不知道穿什么好时，与其追求新潮，不如穿得正统一点。以女性为例，不论年龄多大，一套剪裁合体的套装、长裙和一件配色的衬衣加相配的饰物，会使你看起来更显得体，也会给主考官留下很好的印象。

（二）男士面试的仪表

1. 西装上衣

男士的西装首先要合身，颜色应当以黑色、灰色或深蓝色为主。西装上衣可以敞开穿，但双排扣西装上衣一般不敞开穿。单排扣有一粒扣、两粒扣、三粒扣之分。一粒扣可扣可不扣，两粒扣扣上不扣下，三粒扣上面和下面一粒可以不扣。西装要平整不起泡、无褶皱；衬衫、西服袖子无商标，下垂接近虎口，不开缝；兜不放物品，下摆覆盖臀部。

2. 西裤

西装裤兜内不宜放沉重的物体，裤脚不拖地，颜色应与西装上衣一样，以黑、深蓝、灰为主，覆盖脚面，无花纹、无图案、合体。

3. 衬衫

以白色或浅色为主，领子平整、无褶皱，可选择立领标准领或扣领，袖口应在西装袖口露出少许。

4. 领带

选择质地好，内衬挺，纯色或斜条纹领带。领带的长度要适当，以达到皮带扣处为宜。可根据身高选择宽、窄或普通尺寸的。系领带时，衬衫的第一个纽扣要扣好，如果佩戴领带夹，一般应在衬衫的第四、第五个纽扣之间。

5. 皮鞋

以黑色或深色为主。

（三）女士面试的仪表

1. 内搭系列

(1)衬衫。一件标准简洁的衬衫能为你带来“职场相”，颜色可选择经典白色或清新的浅蓝色。衬衫可与西装搭配，也可以与大衣直接相配。

(2)羊毛衫。秋冬季节，羊毛衫既可以直接用来搭配半裙或裤装，增加温柔感和亲和力，又可以在秋冬叠搭衬衫带来温暖感。颜色可选择纯色，通过色彩来做区别是不错的选择。

(3)连衣裙。作为内搭之选，除了组合搭配，干练的连衣裙还能与他人有所区别。别鄙视这些老套的裙装，它们能让你看起来十分得体。它的标准搭配是异色的小西装、大衣、风衣。裙长请以膝盖上下为准，小个子姑娘可以让裙长留在膝盖上，能够显高。色彩可以从中性色中挑选。秋冬日里想要增加保暖性，可以选择薄呢面料或针织面料。当然找准合体的款式才更重要。

2. 外套系列

(1)小西装。小西装始终是职场必备，选择适合你的款式即可。

(2)西装领大衣。选择线条硬朗的 H 型西装领大衣更能增添你的干练感。冬日，你可在西装外搭配一件合身的风衣或毛呢大衣，也可以直接搭配内搭穿着。

3. 下装

(1)直筒裙、阔摆裙。在正式的职场女装中，裙装比裤装更符合国际惯例，当然裙装的选择多以各种身型均可的直筒裙为主，裙长都以膝盖上下为准。

(2)裤装。如果你中意裤装，那么除非严格规定穿西装套装的职业，除了牛仔裤、哈伦裤等不显干练的裤装，直筒裤、阔腿裤甚至铅笔裤都是不错的选择。

4. 鞋履

(1)单鞋。职场的标准单鞋以裸色、黑色为主，裸黑拼色也是常规又不出错的选择。你并不需要一双“恨天高”，也不一定选“尖头”，2～6 厘米鞋跟的单鞋都是可以参考的范畴。

(2)踝靴。冬日里面试，如果你能确定上班的写字楼有暖气，或许你可以带上单鞋做个替换，但最保险的办法是用一双纤细的踝靴出战，小腿粗的话穿及膝靴也不错。

5. 配件配饰

配件配饰要以简约大方为宜。较为时尚的项链、手链、耳坠等配饰不宜佩戴。至于为你增色的小细节的配饰，一块简约的手表（也可以没有）、基础色的细腰带、小小的耳钉就可以了。配件需要一只直线条的包，不需大品牌，但要从外观上显得有条不紊，这样的包会让人显得机敏能干。

二、 应聘中的表情姿态

语言是人际交往中最常见的手段。社会心理学家认为在人际交往中 35％的信息通过言语传递，另外65%的信息则由非言语来传递。每个人都有面部表情，脸上的每个细微表情都表达某种意愿、某种感情、某种倾向。面部表情是最准确、最微妙的人的“晴雨表”。应聘者在面试中面部表情表现得体，可以为面试锦上添花，反之则会弄巧成拙。

案例

第九次微笑

大学毕业那年，我应聘到广州一家很有名气的五星级涉外大酒店的餐饮部当服务员，试用期的基本工资也不低，因此我十分珍惜这份来之不易的工作，一直表现得很出色。谁知，就在我试用期即将结束的前两天晚上，却发生了一件意想不到的事。

那天晚上，有个港商模样的人单独要了一间房，拒绝了其他的一切服务生，指名道姓要我为他调送一杯咖啡。当时，我正为其他贵宾服务，忙得脱不开身，等轮到去他那里时，按他指定的时间已经迟到了20多分钟了！我小心翼翼地把咖啡给他调好送去，面带微笑地说：“先生，首先感谢您对我的欣赏和信任。但由于暂时没能抽出身来，耽误了您的时间，我感到非常抱歉！”这位港商却不领情，把左手一扬，正好碰到我双手捧着的咖啡杯，咖啡溅了我一身。可他视而不见，指了指手表说：“多长时间了？哼！像你这样服务，还像个五星级酒店吗？”我知道今天遇上了难缠的主，接下来的时间里，我就更加细心地为他服务，不敢有半点马虎。他要什么，我就给什么，动作麻利，语言也特别温柔。尽管他一点也不合作，仍旧一副怒气冲冲、财大气粗、出口伤人的姿态，我并不介意，始终保持着微笑。他说英语，我就用英语配合；他说粤语，我就用粤语交谈；他说普通话，我就用普通话与他沟通。尽管他的发音不准，产生了歧义，我都把责任揽到我身上，因为我知道，顾客永远是对的。他的态度冷漠，临走的时候还问：“有意见簿吗？”我心里一凉，知道他还是不能原谅我，要投诉我，如果遭到他的投诉，我就完了！我这3个月来的努力全白费了！但是出于职业道德，尽管内心十分委屈，我还是表现得非常有礼貌，仍然面带微笑地双手呈上意见簿，向他真诚地说：“请允许我为您莅临我们酒店表示感谢，更为我今晚的服务不周再次表示深深的歉意。您有什么意见尽管写上去，我完全接受您的批评。如果您还能给我一次机会，我一定能打动您！”那位港商听了我的话，久久不动。我看见他冷冷的眼里绽出了一丝暖意，但仅在几秒钟后，又消逝得无影无踪了。他最终还是提笔写下了他的意见，而且那措辞十分严厉，指责我不守时，素质低，不称职！我欲哭无泪。

下班后，我把这一晚的遭遇向小姐妹们讲了，她们都为我感到不平，建议我把那张意见单撕了，但是我没有。我思考了一个晚上，觉得只要没有宣布我走人之前，我就是酒店的员工，就应该为酒店出一分力。第二天，我像什么事都没发生一样继续投入到工作中去了。第三天早会，我一直忐忑不安。餐饮部经理宣布录用员工的名单中，果然没有我的名字！几十道目光齐刷刷地投在我的脸上，我满脸通红，泪水直在眼里打转转。就在我还没回过神时，经理又宣读了一份任命书，说是根据酒店总经理的特别提议，任命我为餐饮部的领班！我懵了，同事们都懵了！接着是雷鸣般的掌声。

会后，餐饮部经理带我去见了酒店老总，没想到，他就是那晚刁难我的港商。他说：虽然你的综合素质表现得很不错，但真正能打动我的，还是你的微笑，那一脸甜美灿烂的微笑，你一共发挥了九次！特别是你的第九次微笑，那种毫不矫情的、纯真的笑，简直可以击退我最后一道冷漠的防线！当时，我真想把我的批评写成表扬，但是，我还是克制住了，再考验你一次又何妨？结果，你又得了满分，印证了你的微笑是多么的真实。后来，我只在这个领班的位置上干了两个月，餐饮部经理调离，我就接替了他。五个月，从服务员到经理，竟是那九次微笑改变了我的人生！如果每个人都能奉献出自己善良而真诚的微笑，我相信这个世界也将为之改变！

1. 微笑

俗话说：“面带三分笑，礼数已先到。”应试者参加面试一般要面带微笑，微笑是一种无声的答语，起着很微妙的作用。面对陌生的考官，微笑可以缩短双方的距离，创造良好的面谈气氛。微笑要贯穿面试的全过程。在跟对方见面时要带着微笑，交谈时要面带微笑，在打招呼时要点头微笑，在跟对方握手告别时也要面带微笑。总之，决不能吝啬你的微笑。求职者要善于微笑。首先，微笑必须真诚、自然。只有真诚、自然的微笑，才能使对方感到友善、亲切和融洽。其次，微笑要适度、得体。适度就是要笑得有分寸、不出声，含而不露，不能哈哈大笑、捧腹大笑。得体就是要恰到好处，当笑则笑，不当笑则不笑。否则，会适得其反，给对方留下不好的印象。

在面试中，保持微笑有以下几个方面的作用。

(1)表现心境良好。面露平和欢愉的微笑，说明心理愉快、充实满足、乐观向上，这样的人才会产生吸引别人的魅力。

(2)表现充满自信。面带微笑，表明对自己的能力有充分的信心，以不卑不亢的态度与人交往，使人产生信任感，容易被别人真正地接受。

(3)表现真诚友善。微笑反映自己心底坦荡、善良友好、待人真心实意，而非虚情假意，使人在与其交往中自然放松，不知不觉地缩短了心理距离。

(4)表现乐业敬业。能在工作岗位上保持微笑，说明热爱本职工作、恪尽职守。在面试中，要把握每个机会展露自信而自然的笑容。

2. 目光

同微笑一样，目光也是最富感染力的表情语言。眼睛是心灵的窗户，在人们的相互交往中，眼睛与有声语言相协调，可以表达万千变化的思想感情。眼睛凝视时间的长短、眼睑睁开的大小、瞳孔放大的程度以及眼睛的其他一些变化，都能传递最微妙的信息。一般来说，每一种眼神都有其特定的含义，如正视表示庄重，斜视表示轻蔑，仰视表示思索，俯视表示羞涩等。

在面试中，聚精会神地注视对方，表示对对方谈话内容有浓厚兴趣；眼睛光彩熠熠，一般表示充满兴趣；每隔几秒偷看一下手表，表示催促、不耐烦的意思，是希望对方结束谈话的暗示。为了避免过多的注视令考官不安，可适度运用“散点柔视”的方式，把目光放在脸部两眼至额头中部的上三角区。应试者在面试时，目光运用的要求是：不要死盯着对方的眼睛，否则，会使对方极不自在；同时，也不要在某一局部区域内上下翻飞，否则会使对方感到莫名其妙；目光以正视主考官为主，并适时地把视线从左至右，又从右至左地移动，达到与所有考官同时交流的效果，避免冷落某一位考官，这样就能获得他们的一致好感。

三、 应聘时的谈吐

1. 谈话

面试时，恰当得体的语言能够展示自己的知识、智慧、能力和气质，从而提高竞争力。

(1)口齿清晰，语言流利，文雅大方。交谈时要注意发音准确，使吐字清晰；注意控制语速，使语言流畅；注意适当用词，使语言增添魅力。

(2)语气平和，语调恰当，音量适中。面试时要注意语言、语调、语气的正确运用。打招呼时宜加重语气并带拖音，以引起对方的注意。自我介绍时，最好多用平缓的陈述语气，不宜使用感叹语气或祈使句。声音过大令人厌烦，声音过小则难以听清，音量的大小要根据面试现场情况而定。两人面谈且距离较近时声音不宜过大，群体面试且场地开阔时声音不宜过小，以主考官能听清为原则。

(3)语言要含蓄、机智、幽默。说话除表达清晰外，适时幽默可使谈话增加轻松愉快气氛，展示自己的优良气质和从容风度。尤其是当遇到难以回答的问题时，机智幽默的语言会显示自己的聪明智慧，有助于化险为夷，并给人以良好的印象。

(4)注意听者的反应。求职面试不同于演讲，而是更接近于一般的交谈。交谈中，应随时注意听者的反应。比如，听者心不在焉，可能表示他自己对这段话没有兴趣，你得设法转移话题；侧耳倾听，可能说明由于自己音量过小使对方难于听清；皱眉、摇头可能表示自己言语有不当之处等。要根据听者的不同反应适时调整自己的语言、语调、语气、音量、修辞或陈述内容，以求面试效果良好。

2. 倾听

卡耐基说："如果你希望成为一个善于谈话的人，那就先做一个注意倾听的人。"参加面试，一定要集中精神，细心地听对方讲话。倾听对方说话的神情也很重要，听面试官说话时，眼睛望着地下，或嘴巴微张，甚至重复发问好几次，都会给人不好的印象。有人常会轻率地问："刚才这个问题，能解释一下吗?"或者说："我不太明白刚才这个问题的意思。"这些做法对面试者是不利的。可以聪明一点地表示："据我听到的，您的意思是否是这样?"即便真的没听懂，或听漏了一两句，也千万别在对方说话时突然提出问题，必须等到他把话说完。

四、 应聘中的体态

仪态，又称"体态"，是指人的身体姿态，也是通过身体的姿势、动作来表达情感、传递信息的体态语。"坐如钟、站如松、行如风"，人的姿态能透露和传递出各种各样的信息。从人的姿态可以看出一个人的心态、修养、素质、文明水准等，所以不可忽视。

1. 站姿

(1)基本要求：头正颈直，两眼平视前方；嘴唇轻闭，下颌微收；双肩要平，微向后张；挺胸收腹夹臀，上体自然挺拔；两臂自然下垂，手指并拢，自然微屈；两腿挺直，膝盖相碰，脚跟并拢。

(2)站姿的效果：正面要头正、肩平、身直的效果；侧面要含颌、挺胸、收腹、直腿。正确的站立姿势挺直舒展，站得直，立得正，棱角分明，线条优美，表情明朗，精神焕发。

(3)男士站姿：一般应双脚平行，大致与肩同宽，全身正直，双肩稍微向后展，头部抬起；双臂自然下垂伸直，双手贴放于大腿两侧，或右手握住左手腕上方，自然贴于腹前，或右手握住左手腕上方，自然贴于臀部。

(4)女士站姿：女士在站立时，通常应当挺胸、收颌，目视前方。

(5)站姿类型：①“V”字形站姿。双脚呈“V”字形(两脚尖张开的距离约为一拳)。脚后跟和膝部靠紧，脚尖平齐向前。②“丁”字形站姿。在“V”字形站姿基础上移动右脚(或左脚)跟至另一脚内侧凹部，两脚互相垂直呈“丁”字步。

(6)站姿的训练方法：①靠墙训练。枕部、肩胛骨、臀部、小腿、足跟紧贴墙面，全身肌肉绷紧。②背靠背训练。双方的枕部、肩胛骨、臀部、小腿、足跟相贴，可在两人肩部、小腿等相靠处各放一张卡片，不能让卡片掉下来。③顶书训练。把书本放在头顶，头、躯体自然会保持平稳。

(7)不良站立姿势：①站立时身体歪斜，两肩一高一低。②弯腰、驼背、扣胸、挺腹。③随便依墙而站立，左顾右盼趴伏在前台或柜台上，自由散漫。④男士分脚站姿超过肩宽。⑤手臂乱晃，身体随意扭动。

2. 坐姿

坐姿即人在就座之后所呈现出的姿势，它是一种静态的姿势，是一种放松。它表现出来的应该是安详、庄重、优雅的风度。

(1)就座。即走向座位直到坐下来的一系列过程，它是坐姿的前奏，也是其重要的组成部分。在就座过程中要注意以下几点：注意顺序，就座时要讲究先后顺序，礼让尊长；讲究方位，在正式场合一定要遵守“左进左出”的原则；如果女士穿裙子，在身体前倾落座的同时，应用双手把裙子的后摆往下抚平后直坐；落座无声，在就座的整个过程中都不应发出嘈杂之声；离座谨慎，离座时要注意礼仪顺序，不要弄出声音。

(2)坐定。在正式场合和有尊者在的情况下，坐下之后不应坐满位子，大体占据三分之二的位置即可。挺直上身，端正头部，目视前方，不可身靠座位的背部。在正规场合，上身与大腿、大腿与小腿、小腿与地面应当均为直角。男士就座后双腿可张开一些，但不应超过其肩宽；女士就座后，特别是身着短裙时一定要并拢大腿。正坐时应掌心向下，叠放于大腿之上；侧坐时，双手以叠放或相握的姿势放置于身体侧向的那条大腿之上。

3. 走姿

(1)对于走姿的总体要求是轻松、矫健、优美、匀速。行走时，应以正确的走姿为基础，并且要全面、充分地兼顾六个方面：身体直立，昂首挺胸；起步前倾，重心在前；脚尖前伸，步幅适中；直线前进，自始至终；双肩平稳，双臂摆动；全身协调，匀速前进，两脚内侧成一条直线。

(2)不正确的行姿：①两臂摆动距离不均或横摆。②两肩一高一低，走路时身体颤动。③低头含胸，脚尖向里或向外歪。④走路时东张西望或目空一切。

4. 手势

手势是人的两只手及手臂所做的动作。手势可以是静态的也可以是动态的，是体态中最丰富、最有表现力的。

(1)垂放。垂放是最基本的手势。其做法有二：一是双手自然下垂，掌心向内，叠放或相握于腹前。二是双手自然下垂，掌心向内，分别贴放于大腿两侧。

(2)背手。双臂伸到身后，双手相握，同时昂首挺胸。背手多见于站立。

(3)鼓掌。以右掌心向下，有节奏地拍击掌心向上的左掌。

举止动作反映一个人的个性、气质、价值取向等内在修养，就业最终能否成功，是和求职者的举止动作有很大关系的。从求职者投递简历那一刻开始，招聘者可能就在考查其举止，怎样投递自己的简历，怎样和招聘者打招呼、问候，怎样的坐姿、站姿、走姿，进入面试室时开门关门等细节，这些不经意间完成的动作都在考查范围之内，应聘者的内在素质就在这些平常的举止中流露出来。由于每个面试者的面试时间较短，求职者的举止动作会给招聘者直观而深刻的印象，在一定程度上决定是否能够面试成功。

本章知识摘要

1. 简历的类型：时间型简历、功能型简历、专业型简历、业绩型简历、创意型简历。

2. 简历的内容：主要包括本人基本情况、目标职位(求职意向)、社会实践与工作经历、教育经历、自我评价等。

3. 简历制作的原则：要简；要突出经历；要突出所应聘的职位信息。

4. 面试类别：问题式面试、压力式面试、随意(或自由)面试、情景(或虚拟)式面试、综合(全方位)式面试。

5. 面试的形式：集体面试、个体面试、随机面试。

6. 面试注意事项：(1)面试问题的巧妙回答；(2)扮演好自己的角色；(3)较强的时间观念；(4)出入场要有礼貌；(5)面试结束后感谢；(6)不要过早打听面试结果。

7. 求职礼仪：指求职者在求职面试的过程中向用人单位表示尊重的一系列礼仪规范，是大学生在求职过程中必须具备的礼仪修养。

课后活动

为自己的简历补补妆

活动目的：掌握弥补自己简历中一些缺陷的方法，突出自我的优势。

活动流程：

1. 围绕以下问题展开思考，提出可能的解决方案。

(1)学习成绩不好怎么办?

(2)缺少公司实习经历怎么办?

(3)应聘职位与专业不相关怎么办?

(4)英语等级证书缺少怎么办?

(5)学校没有名气怎么办?

2. 把班级分为2组，按组轮流说出更多的解决方案。

3. 归纳在保持简历真实性的基础上彰显优势、淡化劣势的办法，制作成海报展示。

拓展阅读

个人简历示例

姓名：××× 性别：× 出生日期：××××年×月×日

学历：大学本科 专业：汉语言文学 政治面貌：党员

联系电话：××××××××××× E-mail：×××××××××××

自我评价

具有良好的心理素质、个人修养及应变能力，善于与人沟通和协调人际关系，能吃苦耐劳、兢兢业业地做好本职工作。通过大学四年的努力学习和积极地参加各项社会实践工作，我具备了扎实的理论知识与丰富的实践经验。如有机会成为贵公司一员，我一定会脚踏实地、一步一个脚印地从最基本的工作做起，相信凭借我的所学和能力一定会为公司发展做出新的贡献。

求职目标

行政文员/市场行政专员

教育经历

20××年×月—20××年×月，××大学中文系汉语言文学专业

通过对专业课程的学习，我掌握了汉语和中国文学方面的基本知识，也受到有关理论、发展历史、研究现状等方面的系统教育和业务能力的基本训练。四年的学习和训练，使我的人文素养、审美能力、逻辑思维能力、写作能力和口头表达能力都得到很大的提升，能撰写各种理论性、文学性和实用性文章。

获奖情况

20××学年，班级综合排名第×名；20××学年，获×等奖学金；20××学年，获×级三好学生；20××年，获××先进个人；20××年，获××大赛二等奖；20××年，获××英语演讲比赛三等奖。

校内活动

20××年×月，成功策划并主持××晚会；20××年×月，参加学校××创业就业大赛，并获大赛二等奖；20××年×月，参加学校××活动，负责××工作。

实习经历

20××年×月—20××年×月，××××饮料有限公司，市场专员

前期主要负责 ××产品的市场策划及推广活动以及日常 PPT、EXCEL 等相关流程的操作，后期单独负责 2006 年星级酒店整个项目的实施，期间独立完成了星级店物品的订购、到货、合同兑现、每月折让返利等工作，最终保证了所需物品的及时到货并与数家供应商建立了良好的合作关系。

20××年×月—20××年×月，××××分公司，行政文员

主要负责办公室日常行政、客户接待与座谈工作，同时也兼做公司电话销售工作，并成功开发五个新客户。

所获证书

涉外高级秘书证，大学英语六级证，计算机 VFP 二级资格证，普通话二级甲等证书。

【附录一】WVI 职业价值观问卷

第一步：

下面有 60 道题，请在题目后面(　　)内打分。最低分 1 分，最高分 5 分，分数越高代表该项内容对你来说越重要，通过测验，你可以大致了解自己的职业价值倾向，为将来择业提供参考依据。

1. 能参与救灾济贫工作(　　)
2. 能经常欣赏完美的工艺作品(　　)
3. 能经常尝试新的构想(　　)
4. 必须花精力去深入思考(　　)
5. 在职责范围内有充分自由(　　)
6. 可以经常看到自己的工作成果(　　)
7. 能在社会扮演更重要的角色(　　)
8. 能知道别人如何处理事务(　　)
9. 收入能比相同条件的人高(　　)
10. 能有稳定的收入(　　)
11. 能有清静的工作场所(　　)
12. 主管善解人意(　　)
13. 能经常和同事一起休闲(　　)
14. 能经常变换职务(　　)
15. 能成为你想成为的人(　　)
16. 能帮助贫困和不幸的人(　　)
17. 能增添社会的文化气息(　　)
18. 可以自由地提出新颖的想法(　　)
19. 必须不断学习才能胜任(　　)
20. 工作不受他人干涉(　　)
21. 我觉得自己的辛苦没有白费(　　)
22. 能使你更有社会地位(　　)
23. 能够分配调整他人的工作(　　)
24. 能常常加薪(　　)
25. 生病时能有妥善照顾(　　)
26. 工作地点光线通风好(　　)
27. 有一个公正的主管(　　)
28. 能与同事建立深厚的友谊(　　)
29. 工作性质常会变化(　　)
30. 能实现自己的理想(　　)
31. 能够减少别人的苦难(　　)
32. 能运用自己的鉴赏力(　　)
33. 常需构思新的解决方法(　　)
34. 必须不断地解决新的难题(　　)
35. 能自行决定工作方式(　　)
36. 能知道自己的工作绩效(　　)
37. 能让你觉得出人头地(　　)
38. 可以发挥自己的领导能力(　　)
39. 可使你存下许多钱(　　)
40. 好的保险和福利制度(　　)

41. 工作场所有现代化设备(　　)
42. 主管能采取民主领导方式(　　)
43. 不必和同事有利益冲突(　　)
44. 可以经常变换工作场所(　　)
45. 常让你觉得如鱼得水(　　)
46. 能常帮助他人解决困难(　　)
47. 能创作优美的作品(　　)
48. 常需提出不同的处理方案(　　)
49. 需对事情深入分析研究(　　)
50. 可以自行调整工作进度(　　)
51. 工作结果受到他人肯定(　　)
52. 能自豪地介绍自己的工作(　　)
53. 能为团体拟定工作计划(　　)
54. 收入高于其他行业(　　)
55. 不会轻易地被解雇或裁员(　　)
56. 工作场所整洁卫生(　　)
57. 主管学识和品德让你钦佩(　　)
58. 能够认识很多风趣的伙伴(　　)
59. 工作内容随时间变化(　　)
60. 能充分地发挥自己的专长(　　)

第二步：

算算各项分数，画个横向的柱形图更直观，看看你是什么类型的职业价值观。

职业价值观	对应题目	得分	柱形图
利他主义	1、16、31、46		
美的追求	2、17、32、47		
创造发明	3、18、33、48		
智力激发	4、19、34、49		
独立自主	5、20、35、50		
成就满足	6、21、36、51		
声望地位	7、22、37、52		
管理权力	8、23、38、53		
经济报酬	9、24、39、54		
安全稳定	10、25、40、55		
工作环境	11、26、41、56		
上司关系	12、27、42、57		
同事关系	13、28、43、58		
多样变化	14、29、44、59		
生活方式	15、30、45、60		

第三步：

澄清了自己的价值观，你发现了什么？老师真心祝福你找到这样一份心仪的工作。如果你有好多个高分项，这表示你对工作的期待值很高。有时候想要的太多可能带来困扰：为什么总是找不到称心如意的工作？为了将来求职不困扰，我们接下来要进一步澄清一下：什么对你来说最重要？这个可以帮助你抓大放小，找到你的核心价值观，你可以把它作为将来求职的指南针。

接下来请你从高分项中，认真地选择三项你最为看重的，并且做一个排序，你会如何取舍？

请好好想想看，这是一个发现自己的过程。

	职业价值观	说说你选择的理由
1-最重要		
2-其次		
3-再次		

【附录二】霍兰德职业兴趣测量表

请根据对每一题目的第一印象作答，不必仔细推敲，答案没有好坏、对错之分。具体填写方法是，根据自己的情况，如果选择“是”，请打“√”，否则请打“×”。

1. 我喜欢把一件事情做完后再做另一件事。
2. 在工作中我喜欢独自筹划，不愿受别人干涉。
3. 在集体讨论中，我往往保持沉默。
4. 我喜欢做戏剧、音乐、歌舞、新闻采访等方面的工作。
5. 每次写信我都一挥而就，不再重复。
6. 我经常不停地思考某一问题，直到想出正确的答案。
7. 对别人借我的和我借别人的东西，我都能记得很清。
8. 我喜欢抽象思维的工作，不喜欢动手的工作。
9. 我喜欢成为人们注意的焦点。
10. 我喜欢不时地夸耀一下自己取得的好成就。
11. 我曾经渴望有机会参加探险。
12. 当我一个人独处时，会感到更愉悦。
13. 我喜欢在做事情前，对此事情做出细致的安排。
14. 我讨厌修理自行车、电器一类的工作。
15. 我喜欢参加各种各样的聚会。
16. 我愿意从事虽然工资少、但是比较稳定的职业。
17. 音乐能使我陶醉。
18. 我办事很少思前想后。
19. 我喜欢经常请示上级。
20. 我喜欢需要运用智力的游戏。
21. 我很难做那种需要持续集中注意力的工作。
22. 我喜欢亲自动手制作一些东西，从中得到乐趣。

23. 我的动手能力很差。
24. 和不熟悉的人交谈对我来说毫不困难。
25. 和别人谈判时，我总是很容易放弃自己的观点。
26. 我很容易结识同性朋友。
27. 对于社会问题，我通常持中庸的态度。
28. 当我开始做一件事情后，即使碰到再多的困难，我也要执著地干下去。
29. 我是一个沉静而不易动感情的人。
30. 当我工作时，我喜欢避免干扰。
31. 我的理想是当一名科学家。
32. 与言情小说相比，我更喜欢推理小说。
33. 有些人太霸道，有时明明知道他们是对的，也要和他们对着干。
34. 我爱幻想。
35. 我总是主动地向别人提出自己的建议。
36. 我喜欢使用榔头一类的工具。
37. 我乐于解除别人的痛苦。
38. 我更喜欢自己下了赌注的比赛或游戏。
39. 我喜欢按部就班地完成要做的工作。
40. 我希望能经常换不同的工作来做。
41. 我总留有充裕的时间去赴约会。
42. 我喜欢阅读自然科学方面的书籍和杂志。
43. 如果掌握一门手艺并能以此为生，我会感到非常满意。
44. 我曾渴望当一名汽车司机。
45. 听别人谈“家中被盗”一类的事，很难引起我的同情。
46. 如果待遇相同，我宁愿当商品推销员，而不愿当图书管理员。
47. 我讨厌跟各类机械打交道。
48. 我小时候经常把玩具拆开，把里面看个究竟。
49. 当接受新任务后，我喜欢以自己的独特方法去完成它。
50. 我有文艺方面的天赋。
51. 我喜欢把一切安排得整整齐齐、井井有条。

52. 我喜欢做一名教师。

53. 和一群人在一起的时候，我总想不出恰当的话来说。

54. 看情感影片时，我常禁不住眼圈红润。

55. 我讨厌学数学。

56. 在实验室里独自做实验会令我寂寞难耐。

57. 对于急躁、爱发脾气的人，我仍能以礼相待。

58. 遇到难解答的问题时，我常常放弃。

59. 大家公认我是一名勤劳踏实的、愿为大家服务的人。

60. 我喜欢在人事部门工作。

职业人格的类型：(符合以下“是”或否答案的记1分，不符合的记0分)

常规型“是”(7，19，29，39，41，51，57)，否(5，18，40)

现实型“是”(2，13，22，36，43)，否(14，23，44，47，48)

研究型“是”(6，8，20，30，31，42)，否(21，55，56，58)

管理型“是”(11，24，28，35，38，46，60)，否(3，16，25)

社会型“是”(26，37，52，59)，否(1，12，15，27，45，53)

艺术型“是”(4，9，10，17，33，34，49，50，54)，否(32)

请将得分最高的三种类型从高到低排列，得出一个(或两个)三位组合答案，再对照《人格类型与职业环境的匹配 》和《测试结果与职业匹配对照表》得出人格类型所匹配的职业。

测试结果与职业匹配对照表

RIA：牙科技术员、陶工、建筑设计员、模型工、细木工、链条制作人员。

RIS：厨师、林务员、跳水员、潜水员、染色员、电器修理工、眼镜制作员、电工、纺织机器装配工、服务员、装玻璃工人、发电厂工人、焊接工。

RIE：建筑和桥梁工程技师、环境工程技师、航空工程技师、公路工程技师、电力工程技师、信号工程技师、电话工程技师、一般机械工程技师、自动工程技师、矿业工程技师、海洋工程技师、交通工程技术人员、制图员、家政经济人员、计量员、农民、农场工人、农业机械操作员、清洁工、无线电修理工、汽车修理工、手表修理工、管工、线路装配工、工具仓库管理员。

RIC：船上工作人员、接待员、杂志保管员、牙医助手、制帽工、磨坊工、石匠、机器制造者、机车(火车头)制造者、农业机器装配工、汽车装配工、缝纫机装配工、钟表装配和检验工、电动器具装配工、鞋匠、锁匠、货物检验员、电梯维修工、装配工、托儿所所长、钢琴调音员、印刷工、建筑钢铁工、卡车司机。

RAI：手工雕刻人员、玻璃雕刻人员、制作模型人员、木工、制作皮革品者、手工绣花者、手工钩针纺织者、排字工、印刷工、图画雕刻者、装订工。

RSE：消防员、交通巡警、警察、门卫、理发师、清洁工、屠夫、锻工、开凿工人、管道安装工、出租汽车驾驶员、货物搬运工、送报员、勘探员、娱乐场所的服务员、起卸机操作工、灭害虫者、电梯操作工、厨房助手。

RSI：纺织工、编织工、农业学校教师、某些职业课程教师(诸如艺术、商业、技术、工艺课程)、雨衣上胶工。

REC：抄水表员、保姆、实验室动物饲养员、动物管理员。

REI：轮船船长、航海领航员、大副、试管实验员。

RES：旅馆服务员、家畜饲养员、渔民、渔网修补工、水手长、收割机操作工、搬运行李工人、公园服务员、救生员、登山导游、火车工程技术员、建筑工作者、铺轨工人。

RCI：测量员、勘测员、仪表操作者、农业工程技师、化学工程技师、民用工程技师、石油工程技师、资料室管理员、探矿工、煅烧工、烧窖工、矿工、炮手、保养工、磨床工、取样工、样品检验员、纺纱工、漂洗工、电焊工、锯木工、刨床工、制帽工、手工缝纫工、油漆工、染色工、按摩工、木匠、农民建筑工、电影放映员、勘测员助手。

RCS：公共汽车驾驶员、一等水手、游泳池服务员、裁缝、建筑工人、石匠、烟囱修建工、混凝土工、电话修理工、爆炸手、邮递员、矿工、裱糊工人、纺纱工。

RCE：打井工、吊车驾驶员、农场工人、邮件分类员、铲车司机、拖拉机司机。

IAS：普通经济学家、农场经济学家、财政经济学家、国际贸易经济学家、实验心理学家、工程心理学家、心理学家、哲学家、内科医生、数学家。

IAR：人类学家、天文学家、化学家、物理学家、医学病理、动物标本制作者、化石修复者、艺术品管理者。

ISE：营养学家、饮食顾问、火灾检查员、邮政服务检查员。

ISC：侦察员、电视播音室修理员、电视修理服务员、验尸室人员、编目录者、医学实验室技师、调查研究者。

ISR：水生生物学者，昆虫学者、微生物学家、配镜师、矫正视力者、细菌学家、牙科医生、骨科医生。

ISA：实验心理学家、普通心理学家、发展心理学家、教育心理学家、社会心理学家、临床心理学家、目标学家、皮肤病学家、精神病学家、妇产科医师、眼科医生、五官科医生、医学实验室技术专家、民航医务人员、护士。

IES：细菌学家、生理学家、化学专家、地质专家、地理物理学专家、纺织技术专家、医院药剂师、工业药剂师、药房营业员。

IEC：档案保管员、保险统计员。

ICR：质量检验技术员、地质学技师、工程师、法官、图书馆技术辅导员、计算机操作员、医院听诊员、家禽检查员。

IRA：地理学家、地质学家、声学物理学家、矿物学家、古生物学家、石油学家、地震学家、声学物理学家、气象学家、原子和分子物理学家、电学和磁学物理学家、设计审核员、人口统计学家、数学统计学家、外科医生、城市规划家、气象学家。

IRS：流体物理学家、物理海洋学家、等离子体物理学家、农业科学家、动物学家、食品科学家、园艺学家、植物学家、细菌学家、解剖学家、动物病理学家、作物病理学家、药物学家、生物化学家、生物物理学家、细胞生物学家、临床化学家、遗传学家、分子生物学家、质量控制工程师、地理学家、兽医、放射性治疗技师。

IRE：化验员、化学工程师、纺织工程师、食品技师、渔业技术专家、材料和测试工程师、电气工程师、土木工程师、航空工程师、行政官员、冶金专家、原子核工程师、陶瓷工程师、地质工程师、电力工程师、口腔科医生、牙科医生。

IRC：飞机领航员、飞行员、物理实验室技师、文献检查员、农业技术专家、生物技师、动植物技术专家、油管检查员、工商业规划者、矿藏安全检查员、纺织品检验员、照相机修理者、工程技术员、编计算程序者、工具设计者、仪器维修工。

CRI：簿记员、会计、记时员、铸造机操作工、打字员、按键操作工、复印机操作工。

CRS：仓库保管员、档案管理员、缝纫工、讲述员、收款人。

CRE：标价员、实验室工作者、广告管理员、自动打字机操作员、电动机装配工、缝纫机操作工。

CIS：记账员、顾客服务员、报刊发行员、土地测量员、保险公司职员、会计师、估价员、邮政检查员、外贸检查员。

CIE：打字员、统计员、支票记录员、订货员、校对员、办公室工作人员。

CIR：校对员、工程职员、海底电报员、检修计划员、发报员。

CSE：接待员、通讯员、电话接线员、卖票员、旅馆服务员、私人助理、商学教师、旅游办事员。

CSR：运货代理商、铁路职员、交通检查员、办公室通信员、簿记员、出纳员、银行财务职员。

CSA：秘书、图书管理员、办公室办事员。

CER：邮递员、数据处理员、办公室办事员。

CEI：推销员、经济分析家。

CES：银行会计、记账员、法人秘书、速记员、法院报告人。

ECI：银行行长、审计员、信用管理员、地产管理员、商业管理员。

ECS：信用办事员、保险人员、各类进货员、海关服务经理、售货员、购买员、会计。

ERI：建筑物管理员、工业工程师、护士长、农场管理员、农业经营管理人员。

ERS：仓库管理员、房屋管理员、货栈监督管理员。

ERC：邮政局长、渔船船长、机械操作领班、木工领班、瓦工领班、驾驶员领班。

EIR：科学、技术和有关周期出版物的管理员。

EIC：专利代理人、鉴定人、运输服务检查员、安全检查员、废品收购人员。

EIS：警官、侦察员、交通检验员、安全咨询员、合同管理者、商人。

EAS：法官、律师、公证人。

EAR：展览室管理员、舞台管理员、播音员、驯兽员。

ESC：理发师、裁判员、政府行政管理员、财政管理员、工程管理员、售货员、职业病防治、商业经理、办公室主任、人事负责人、调度员。

ESR：家具售货员、书店售货员、公共汽车驾驶员、日用品售货员、护士长、自然科学和工程的行政领导。

ESI：博物馆管理员、图书馆管理员、古迹管理员、饮食业经理、地区安全服务管理员、技术服务咨询者、超级市场管理员、零售商品店店员、批发商、出租汽车服务站调度。

ESA：博物馆馆长、报刊管理员、音乐器材售货员、广告商售画营业员、导游、(轮船或班机上的)事务长、飞机上的服务员、船员、法官、律师。

ASE：戏剧导演、舞蹈教师、广告撰稿人，报刊、专栏作者、记者、演员、英语翻译。

ASI：音乐教师、乐器教师、美术教师、管弦乐指挥，合唱队指挥、歌星、演奏家、哲学家、作家、广告经理、时装模特。

AER：新闻摄影师、电视摄影师、艺术指导、录音指导、丑角演员、魔术师、木偶戏演员、骑士、跳水员。

AEI：音乐指挥、舞台指导、电影导演。

AES：流行歌手、舞蹈演员、电影导演、广播节目主持人、舞蹈教师、口技表演者、喜剧演员、模特。

AIS：画家、剧作家、编辑、评论家、时装艺术大师、新闻摄影师、演员、文学作者。

AIE：花匠、皮衣设计师、工业产品设计师、剪影艺术家、复制雕刻品大师。

AIR：建筑师、画家、摄影师、绘图员、雕刻家、环境美化工、包装设计师、绣花工、陶器设计师、漫画工。

SEC：社会活动家、退伍军人服务官员、工商会事务代表、教育咨询者、宿舍管理员、旅馆经理、饮食服务管理员。

SER：体育教练、游泳指导。

SEI：大学校长、学院院长、医院行政管理员、历史学家、家政经济学家、职业学校教师、资料员。

SEA：娱乐活动管理员、国外服务办事员、社会服务助理、一般咨询者、宗教教育工作者。

SCE：部长助理、福利机构职员、生产协调人、环境卫生管理人员、戏院经理、餐馆经理、售票员。

SRI：外科医师助手、医院服务员。

SRE：体育教师、职业病治疗者、体育教练、专业运动员、房管员、儿童家庭教师、警察。

SRC：护理员、护理助理、医院勤杂工、理发师、学校儿童服务人员。

SIA：社会学家、心理咨询者、学校心理学家、政治科学家、大学或学院的系主任、大学或学院的教育学教师、大学农业教师、大学法律教师、大学工程和建筑课程的教师、大学数学、医学、物理教师大学社会科学、生命科学教师、研究生助教、成人教育教师。

SIE：营养学家、饮食学家、海关检查员、安全检查员、税务稽查员、校长。

SIC：描图员、兽医助手、诊所助理、体检检查员、娱乐指导者、监督缓刑犯的工作者、咨询人员、社会科学教师。

SIR：理疗员、救护队工作人员、手足病医生、职业病治疗助手。

人格类型与职业环境的适配

型态	人格倾向	典型职业
现实型 R	具有顺从、坦率、谦虚、自然、坚毅、实际、有礼、害羞、稳健、节俭的特征，表现为： 1. 喜爱实用性的职业或情境，以从事所喜好的活动，避免社会性的职业或情境。 2. 用具体实际的能力解决工作及其他方面的问题，较缺乏人际关系方面的能力。 3. 重视具体的事物，如金钱，权力、地位等	工人 农民 土木工程师
研究型 I	具有分析、谨慎、批评、好奇、独立、聪明、内向、条理、谦逊、精确、理性、保守的特征，表现为： 1. 喜爱研究性的职业或情境，避免企业性的职业或情境。 2. 用研究的能力解决工作及其他方面的问题，即自觉、好学、自信、重视科学，但缺乏领导方面的才能	科研人员 数学 生物方面的专家
艺术型 A	具有复杂、想象、冲动、独立、直觉、无秩序、情绪化、理想化、不顺从、有创意、富有表情、不重实际的特征，表现为： 1. 喜爱艺术性的职业或情境，避免传统性的职业或情境。 2. 富有表达能力和直觉，独立、具创意、不顺从(包括表演、写作、语言)，并重视审美的领域	诗人 艺术家
社会型 S	具有合作、友善、慷慨、助人、仁慈、负责、圆滑、善社交、善解人意、说服他人、理想主义等特征，表现为： 1. 喜爱社会型的职业或情境，避免实用性的职业或情境，并以社交方面的能力解决工作及其他方面的问题，但缺乏机械能力与科学能力。 2. 喜欢帮助别人、了解别人，有教导别人的能力，且重视社会与伦理的活动与问题	教师 牧师 辅导人员

续表

型态	人格倾向	典型职业
企业型 E	具有冒险、野心、独断、冲动、乐观、自信、追求享受、精力充沛、善于社交、获取注意、知名度等特征，表现为： 1. 喜欢企业性质的职业或环境，避免研究性质的职业或情境，会以企业方面的能力解决工作或其他方面的问题能力。 2. 有冲动、自信、善社交、知名度高的特征，有领导与语言能力，缺乏科学能力，但重视政治与经济上的成就	推销员 政治家 企业家
传统型 C	具有顺从、谨慎、保守、自控、服从、规律、坚毅、实际稳重、有效率、但缺乏想象力等特征，表现为： 1. 喜欢传统性质的职业或环境，避免艺术性质的职业或情境，会以传统的能力解决工作或其他方面的问题。 2. 喜欢顺从、规律，有文书与数字能力，并重视商业与经济上的成就	出纳 会计 秘书

参考文献

1.《中华人民共和国就业促进法》(2007 年 8 月 30 日第十届全国人民代表大会常务委员会第二十九次会议通过).

2. 国家发展和改革委员会，教育部，科学技术部等《关于大力发展实体经济积极稳定和促进就业的指导意见》(发改就业〔2018〕1008 号).

3. 人社部、财政部《关于进一步加大就业扶贫政策支持力度着力提高劳务组织化程度的通知》(人社部发〔2018〕46 号).

4.《国务院关于做好当前和今后一段时期就业创业工作的意见》(国发〔2017〕28 号).

5.《教育部关于做好 2018 届全国普通高等学校毕业生就业创业工作的通知》(教学〔2017〕11 号).

6.《教育部办公厅关于进一步做好高校毕业生就业创业工作的通知》(教学厅〔2016〕5 号).

7.《国务院关于进一步做好新形势下就业创业工作的意见》(国发〔2015〕23 号).

8. 国务院办公厅《关于做好 2014 年全国普通高校毕业生就业创业工作的通知》(国办发〔2014〕22 号).

9. 林崇德，张春兴．发展心理学[M]. 杭州：浙江教育出版社，2004.

10. 杨婧．认识自我的 5 种方法[M]. 北京：光明日报出版社，2012.

11. 顾明远．教育大辞典[M]. 上海：上海教育出版社，1998.

12. 彭聃龄．普通心理学[M]. 北京：北京师范大学出版社，2012.

13. 程良越，谢珊．大学生职业生涯发展[M]. 广州：广东高等教育出版社，2011.

14. [美]格里格，津巴多. 心理学与生活[M]. 19 版. 王垒，王苏，等译. 北京：人民邮电出版社，2016.